AF311758

LETTRE

SUR LA
GALANTERIE

DES JEUNES CONSEILLERS

AU PARLEMENT DE PARIS,

Ecrite à un Avocat de Province.

Par Monsieur D....

A LONDRES.

M. DCC. L.

LETTRE

Sur la Galanterie des Jeunes Conseillers au Parlement de Paris.

La peinture que vous m'avez tracée, Monsieur, des principes des Jeunes Conseillers au Parlement où vous brillez m'a amusé avec beaucoup d'agrément : les fleurs, les amenitez que vous avez mis dans votre style, l'abondance de mœurs & de sentimens que vous y avez répandu, vous attirent mes plus purs éloges. En peignant sous des traits dégoutans la vivacité du

gout de la Galanterie de vos
Jeunes Conseillers , vous montrez avec les couleurs les plus
aimables les charmes de l'honneur , les réflexions dont vous
assaisonnez vos portraits , & qui
semblent sortir du sein de la sagesse , m'ont découvert la pureté
de vos mœurs , la droiture & l'ex-
cellence du caractere de votre
cœur. La finesse, la legereté & l'é-
legance avec lesquelles vous ren-
dez vos idées m'indiquent le caractere brillant de votre esprit.
Dans votre lettre qui a versé dans
mon cœur un plaisir plein de
charmes , vous me montrez votre
desir à connoître les principes des
Jeunes Conseillers au Parlement
de Paris , attentif à remplir votre désir , je veux bien vous
fournir quelques lumieres sur
leurs caracteres, & sur leurs gouts.
Ce ne sera, cependant, qu'avec legereté que je passerai sur leurs
principes , je n'ai point le tems
de les approfondir & de les déveloper en entier , aussi ne vous
en offrirai-je qu'une legere idée

que vous puiferez dans le prélu-
de auquel je vais me prêter , &
dans la peinture que je vais vous
faire d'une fête galante; je dépouil-
lerai mon récit de quelques circonf
tances pour le rendre plus court ,
& pour lui ôter une partie de la
trop grande vivacité & de la chaleur dont il feroit accompagné.

On trouve, Monfieur , dans le
caractere des Jeunes Confeillers
au Parlement de Paris, un fond
infini de tendreffe pour les femmes , s'ils ont de l'attrait pour anoncer les oracles de la Juftice ,
en ont un auffi puiffant pour
chanter les louanges des filles &
des femmes charmantes ; l'A-
mour brûle leurs cœurs de fes
tendres feux , & il y conferve
toujours un triomphe complet.
J'étois Jeudi dernier avec un jeune Confeiller dans fon jardin ,
qui réunit dans un petit efpace
les plus grandes beautez , nous
promenant fur un gazon aimable,
à l'ombre d'un riant feuillage , il
me dit en fouriant qu'il ne fe def-
fendoit pas des agrémens du Beau

Sexe , & que son caractere n'é-
toit point des moins galans, qu'il
aimoit assez à courir de conquête en conquête. Il ajouta qu'il
avoit pris son gout d'amour à un
âge où la raison rendoit à peine
quelques rayons; que ses principes
galans étoient l'ouvrage de l'e-
xemple ; & encore plus de son
temperament. Etant sortis du gazon où nous nous promenions, &
étant entrez dans une allée en-
chantée , il fit d'un air qu'il sembloit avoir emprunté d'un Petit-
maître , quelques gambades qui
me persuaderent , que les principes qu'il m'avoit dévelopé en-
troient dans la composition
de son caractere ; je donnai des
plaintes à l'état de ses sentimens,
j'étois surpris de ce qu'avec les
qualitez de l'esprit que je lui
connoissois , il n'ouvroit pas
les yeux sur sa legereté, de ce
qu'il n'apercevoit pas sa conduite,
avec ses veritables couleurs, spectacle qui auroit sans doute détruit
ses principes , & l'auroit fixé
dans le gout de la Sagesse , source

heureuſe de laquelle coulent les véritables agrémens de la vie, & la paix du cœur.

Les toilettes des femmes aimables ont ici, Monſieur, des attraits pour les Petits-maîtres, leur exactitude a y aller tous les jours diriger leur parure eſt marquée au coin du ſcrupule. Ces lieux rians ſont auſſi du reſſort des Jeunes Conſeillers, ils y vont, mais leurs viſites ne ſont fréquentes qu'aux Vacances, qui eſt le tems où ils donnent toutes leurs occupations aux plaiſirs. Quelquefois un de ces Meſſeurs indique à une Coeffeuſe le gout dans lequel elle doit coëffer ſa maîtreſſe, il arrive quelquefois qu'il tire le peigne des doigts badins de la Coeffeuſe, & qu'il forme lui-même une boucle, l'aplication des mouches & des pompons eſt auſſi quelquefois ſon ouvrage. Le ſoir, ou bien le jour, lorſqu'il eſt tête à tête avec ſa belle, il lui peint ſes feux avec les couleurs les plus vives qu'il peut puiſer dans ſon

imagination, il met dans son discours tont ce qu'il peut trouver
de plus doux , de plus tendre &
de plus touchant.

Voila, Monsieur des maximes
que les Jeunes Conseillers au
Parlement de Paris ne peuvent
méconnoître , puisqu'elles leur
appartiennent, ils sont toujours
doux, gracieux, polis, principalement pour les filles & les femmes
fringantes. A quel degré placerez-
vous, Monsieur, leur Galanterie ? Ne la mettrez-vous pas bien
au-dessus de celle de vos Conseillers , sur la tendresse desquels
votre plume s'est exercée si délicatement? vous m'observez que vos
Conseillers fuyent l'éclat du jour,
qu'ils marchent à l'ombre sous
l'étendart de l'Amour, cet air de
réserve ne se trouve point dans
la conduite des Jeunes Conseillers au Parlement de Paris, ils marchent au grand jour sous ce dra-
peau enchanteur ; les jardins de
Cythere font leur département ,
qu'ils font retentir chaque jour
du bruit d'une multitude de Con-

plets de Chanſon. Mais quelles preuves vous donnerai-je, Monſieur, de l'héroïſme de la Galanterie des Jeunes Conſeillers au Parlement de Paris ? je puis vous en offrir un foule de brillantes, mais mon objet eſt de me fixer au récit de la Fête que je vous ai annoncé, vous allez donc trouver ci-après la peinture de cette Fête galante.

Mon gout pour le commerce des honnêtes gens me conduit ſouvent ici dans une maiſon qui eſt de l'eſpéce la plus rare, on y trouve les qualitez du cœur les plus brillantes, accompagnées de celles de l'eſprit : c'eſt là où j'ai lié connoiſſance avec M. de... qui eſt un Jeune Conſeiller, ſes diſcours qui n'étoient pas moins agréables que les manieres, me firent trouver du plaiſir & de l'agrément à le connoître : je n'ai joui qu'une fois de l'honneur de ſa préſence dans cette maiſon reſpectable ; des raiſons d'intérêt qui l'y avoient conduit, ravirent à ſon humeur la vivacité ordinaire de son enjouement ; il n'étoit enjoué que dans le dégré ordinaire, mais cet air de moderation fut exilé à l'arrivée d'une fille charmante de la présence de laquelle nous fumes honoré dans le tems qu'on embellissoit la table d'un dessert magnifique: cette fille, dont les beaux yeux avoient un air conquerant, écarta l'attention gênante, où des affaires avoient jetté l'esprit du Conseiller ; elle chanta les Amours de la jeune Comtesse de... avec le Marquis de... fils d'un pere qui joint au titre de Duc, celui d'amoureux à l'excès, ce pere tendre ami des Dames aimables sacrifie une bonne partie de la nuit à les amufer, leur service est dans ses principes un devoir précieux qui n'y souffre point d'objection. L'aimable Chanteuse chanta encore les graces du Printems, les frisures élegantes, & la parure magnifique que cette charmante saison ramene ; elle fit entrer les Abbés dans le gout des frisures agréables & badines,

de même que dans le troupeau
des amans paſſionnez. Elle chanta enfin le gout du badinage des
Seigneurs de la Cour, & la multiplication des triomphes galans
de ces volages. Pendant que cette
fille douce chantoit ainſi les vic-
toires de la mere des amours, le
jeune Conſeiller la regardoit d'un
air d'admiration, & à chaque fois
qu'elle ceſſoit pour ménager ſa
voix qu'elle avoit admirable, il
prevenoit les applaudiſſemens
que méritoient les charmes de
ſa voix ; arrivée à la fin du couplet où elle s'arrêtoit, il rendoit
auſſi-tôt juſtice à ſes charmes par
un battement de mains auquel ſe
joignoit celui de toute l'aſſemblée. Dans le commerce naiſſant
que j'eus avec ce jeune homme,
rien ne me fit pénétrer le caractere que je lui ai trouvé dans la
ſuite, malgré le vif enjouement
que lui inſpira la Chanteuſe, ſes
diſcours étoient reglez, & ſes
ſentimens me paroiſſoient l'être
auſſi. Ce jeune homme nous dit
à diner qu'il aimoit le plaiſir de la

campagne, qu'il iroit le même jour à son * Château de... mais que son départ ne seroit que quand les rayons du soleil commenceroient à tomber, parce qu'il avoit un rendez-vous aux Thuilleries. En effet, je tiens de bon coin qu'il demeura assez longtems dans la premiere allée de ce brillant Jardin avec trois jeunes Conseillers qui faisoient les aimables; là cette amoureuse assemblée, assise sur des chaises, rendoit avec une affectation de bonne grace les reverences ausquelles se prêterent quelques petits-Maîtres, & quelques femmes du bel air, leurs têtes dont les cheveux frisés avec beaucoup d'art, repandoient une odeur de jasmin, se panchoient dans un gout singulier en formant les inclinations, un petit secouement badin qu'elles faisoient, joint à des coups d'œil gracieux, & un glissement de pieds, rendoit leurs reverences très-comiques, & ce qui ajoutoit de nouveaux dégrés à ce ridicule ; c'est qu'ils

relevoient

relevoient la tête avec une lenteur compofée, ils la remettoient fur fon pivot d'une maniere qu'il ne m'eft pas poffible d'exprimer, & fe rengorgeoient avec toute la grace dont ils étoient capables. Comme le jour étoit pur & ferein, & que la promenade étoit charmante, il y eut beaucoup d'objets qui leur fervirent de fpectacle ; ils les confideroient à l'aide d'un inftrument, * qui eft du goût de tout Paris, & principalement des petits Maîtres, & des femmes qui écoutent la voix de la tendreffe. Quelques rayons du Soleil perçoient le feuillage fous lequel ils étoient affis, & ces rayons tombant fur un diamant, dont chacun avoit orné le petit doigt de la main qui tenoit l'inftrument dont je vous ai peint l'ufage ici univerfel, rendirent très vif l'éclat de ce diamant, qui les fit remarquer de plufieurs perfonnes. Multiplication de ris, badinage foutenu par quantité de faillies ; arrêts rendus fur les pom-

* La Lorgnette.

pons; les friſures, les coëffures;
ſur les appas; le mérite, & les
vertus des femmes de tout caractere : Voilà les actions brillantes auſquelles ils ſe prêterent.
Quelques inſtants avant que l'aſtre du jour entrât dans l'autre
hrémiſphere pour lui rendre ſes
rayons, ils quitterent le beau lieu
où ils s'étoient amuſés avec tant
de goût : De ce jardin riant &
délicieux ils ſe déroboient comme des éclairs dans des carroſſes
brillans, dont les courſiers fou-
gueux alloient d'un pas ſi pré-
cipité, qu'ils ſembloient voler,

La bouche du Conſeiller, avec
lequel je dînois étoit donc, Monſieur l'Interprête de la verité ſur
le rendez-vous auquel il vou-
loit ſatisfaire avant de prendre la
route de la campagne : Pour re-
tomber, Monſieur, ſur une partie du diſcours qu'il nous tint à
table, il dit, après avoir fait l'ouverture de ſon deſſein à partir le
même jour pour ſa maiſon de
compagne, qu'il y paſſeroit quelque tems, parce qu'il prenoit

plaifir à promener fes yeux fur
les charmes dont elle étoit ornée, & s'adreffant à moi, il m'invita d'un ton fort civil à l'y aller
voir inceffamment ; mon air &
mes difcours, me dit-il, lui donnoient du goût pour ma focieté,
le fentiment qui le prévenoit en
ma faveur, lui faifoit fouhaiter
de la cultiver par des foins étendus : Son excès de politeffe tira
de moi un vif remerciment, &
la promeffe de la fatisfaction qu'il
défiroit. Moins piqué du défir
d'aller goûter les charmes de la
campagne, d'aller confidérer les
richeffes abondantes de l'Auton-
ne, que le Printems nous avoit
annoncé ; Moins piqué, dis-je,
de ce défir, que de celui de voir
le Confeiller, & de me rendre à
la fidelité que je devois à ma pa-
role, je pris un jour charmant le
chemin qui méne au Château
dont il m'avoit donné le nom :
Les portieres de mon carroffe
étoient ouvertes, je vis d'affez
loin ce Château, dont l'afpect
me parut plus riant que celui de

bien d'autres que j'apperçus, il
est situé sur une hauteur qui pré-
sente un point de vûe magnifique; il étoit à ma montre onze
heures du matin lorsque j'arrivai
à cette maison riante; après qu'un
Valet de chambre m'eût annoncé
à son Maître, on m'introduisit
dans un appartement magnifique, c'étoit un enfilade superbe
de plusieurs chambres, où les
yeux trouvoient tous les agrémens possibles, où étoit réuni
tout ce que l'on peut désirer pour
le goût. Comme je marchois dans
cet appartement élégant, je vis
d'assez loin le Conseiller vis-à-
vis de moi, & m'ayant apperçû,
il vint au-devant de moi les bras
ouverts d'une humeur vive &
enjouée, je reçus avec une douceur extrême ses embrassemens
qui me paroissoient marqués au
coin de la tendresse. Quel hazard
vous a conduit aujourd'hui ici,
me dit-il, d'un air de satisfaction;
ô que je suis charmé du plaisir
de vous avoir, sur-tout dans ce
jour, où je vous promets des

amufemens ! Nous avons à dîner, ajouta-t-il, en fouriant, des femmes charmantes, chez qui l'amour du badinage n'eft point étranger, des Meffieurs qui fecondent leurs goûts, feront auffi des nôtres. Je lui exprimai ma joye fur la rencontre des perfonnes aimables qu'il m'annonçoit, & principalement fur l'honneur de fa perfonne dont je jouiffois. Je lui trouvai beaucoup de fraîcheur, des couleurs fort vives; il avoit le teint bien plus beau qu'il n'avoit le jour de notre connoiffance, je lui exprimai mon admiration & mon plaifir fur le brillant de fa fanté; c'eft l'air de la campagne qui eft la fource de mon embonpoint, me dit-il : Eh bien cher ami, ajouta-t-il, comment vont les petits foupers, les parties fines, & les billets doux, les alimens des feux de l'amour? A peine ces derniers mots couloient de fes levres, que nous entendimes un bruit confus de carroffes, le Confeiller me dit auffi-tôt voilà, je crois, les femmes ai-

mables, & les Cavaliers que je
vous ai annoncé ; voyons si je ne
me trompe dans mon idée: Il
me prit auſſi-tôt par la main, &
nous pénétrâmes juſqu'à une an-
tichambre extrêmement jolie ;
ayant mis la tête à la fenêtre,
nous vîmes en effet dans la cour
les équipages des convives qu'il
attendoit ; mes yeux furent char-
més du brillant de leurs carroſſes
qui ſembloient ſortir des mains
de l'ouvrier, d'un coup d'œil que
j'y jettai, un goût exquis m'y parut répandu : les courſiers , dont
la beauté merveilleuſe étoit réu-
nie à une force brillante, étoient
couronnés de bouquets de rubans. Je vis ſortir de ces équipages magniſiques des Meſſieurs
d'une propreté admirable , * &
des Dames chargées de pierreries , qui deſcendirent à la faveur
de l'appui que ces Meſſieurs leur
donnerent galamment , & avec
beaucoup de politeſſe. Cette
troupe brillante fut complimen-

* Comme ils étoient en vacances, ils avoient
des habits galonnés.

tée par le Maître de la maison, il la reçut avec des expreſſions les plus legeres & les plus polies. L'air & les façons élégantes de cette aſſemblée me fit eſperer de tirer d'elle dans la ſuite autant d'agrémens pour le cœur, que j'en tirois pour les yeux. Je trouvai aux Dames des graces, elles etoient embellies des dons de la Nature; il y en avoit une entr'autres, dont la fraîcheur & la beauté des traits la diſtinguoient; la nature ſembloit avoir pris plaiſir à former ſon viſage, ſur lequel étoit peinte une jeuneſſe vive & fleurie. Avec la beauté dont ces Dames étoient ornées, jointe aux agrémens de l'eſprit que je leur ai connu dans le cours de leur fête trop vive, elles auroient été admirables ſi le caractere de leur cœur avoit été plus honnête. Les Meſſieurs étoient bienfaits & découplés, parmi eux il en étoit un d'une figure charmante, qui faiſoit briller un enjouement des plus vifs, il étoit orné d'un bouquet, parmi

les fleurs duquel étoit un bouton
de rose des plus jolis. Le Conseiller m'annonça aux Dames &
aux Messieurs sous le titre d'un
homme qu'ils ne seroïent pas fâ-
chés de connoître, & en faisant
flotter agréablement par un petit branlement de tête composé
les cheveux d'une blonde per-
ruque naturelle, il entamma le
badinage, & on donna naissance
à une foule de plaisanteries & de
bons mots. Je ne me prêtois que
très-peu aux discours de la societé, pendant qu'elle couroit le
vaste champ qu'elle avoit ouvert
aux plaisanteries, la parure brillante des hommes, & principalement celle des femmes attira
mon attention, & j'en riois dans
le fond de mon cœur : Je disois
en moi-même quand l'usage des
pompons, des brasselets, des pa-
niers, des galons d'or & d'argent
seroit détruit en seroit-on moins
aimable ? Ne le seroit-on pas davantage avec une parure simple
& honnête ? Cette décoration ne
plairoit-elle pas plus à la raison ?

Il feroit fort à fouhaiter que quantité d'Arts qui ont pour objet le luxe fuffent bannis, & que la culture de tant de terres incultes leur fuccedat. Les marais & les côteaux enfriche n'attendent que votre travail pour nous donner des richeffes, leur fein ouvert & expofé aux rayons du Soleil fe fertilliferoit. Nous ne fommes riches que par les fruits que la terre produit : Pourquoi les hommes qui ont tant de goût pour les richeffes, ne cherchent-ils pas le véritable moyen de les acquérir ? Pourquoi laiffer en friche des terres qui peuvent récompenfer leurs peines par des tréfors abondans ?

Quelque-tems après cette réflexion, & dans le cours des propos frivoles de cette affemblée, dont le goût de l'amour commençoit à fe développer à mes yeux, le beau jeune homme du bouquet dont je vous ai parlé, Monfieur, & qui s'en étoit fans doute paré dans l'idée de briller avec plus d'attraits, fe détacha

de la societé, & fut en chantant
considerer ses charmes à une glace magnifique ; il s'y examina
sous differens point de vûe, il y
fit un manége ridicule ; comme
il doutoit sans doute de la fidé-
lité de cette glace, il se présenta
à une autre, où il y renouvella
l'examen de ses attraits, il y sourit, il donna deux ou trois petits coups de doigt à une boucle
de sa frisure, qui n'étoit pas ap-
paremment de son goût, puis il
roula sur un brillant talon de cha-
grin, dont le spectacle me con-
duisit à l'idée des Messieurs à
talons rouges. Ce jeune homme
dont le caractere ne démentoit
pas son air de coquetterie, avoit
des souliers mignons, ils étoient
embellis de boucles à diamant,
dont l'éclat étoit magnifique.
Après avoir roulé sur son talon,
il se prêta à un autre exercice
qui n'étoit pas moins ridicule, il
se mit à marcher sur la pointe
des pieds, & la tête levée vers
une autre glace, où il examina
encore la bonne grace de sa per-

fonne, & ayant vû à côté fur un buffet de marbre un violon qui appartenoit au Maître de la maifon, qui joue délicatement de cet inftrument, cet aimable, cet en-joûé le prit, il tira l'archet qui y étoit enfilé, il joua les folies d'Ef-pagne avec tant de charmes, qu'ils arracherent la focieté du badinage, & des propos agréa-bles dans lefquels elle étoit enga-gée. Tout le monde l'écouta avec une vive attention ; je m'a-prochai de lui, la viteffe de fon archet, la legereté avec laquelle il faifoit aller fes doigts fur les cordes du violon, me fit con-clure en moi-même qu'un talent fi parfait ne pouvoit être que l'ef-fet d'un long exercice ; toute la focieté confidérant dans fon jeu le brillant qui y étoit, en parla avec raviffement. Cependant les Cuifiniers menoient les chofes d'un grand train, peu de tems après que cet aimable eut ceffé de jouer du violon, on prépara la table, & on vint nous appren-dre que l'on avoit fervi. La fy-

métrie des mets que l'on préfenta
étoit exaɗ, l'odorat étoit frappé
du parfun exquis de ces mets,
de même que le goût de leurs
charmes ; la table fut couronnée
plufieurs fois d'une richeſſe de
plats, les divers fpeɗacles qu'of-
firent les Cuifiniers, & qui char-
moient la vûe, peignirent à mes
yeux la vanité du Maître de la
maiſon : Je regardois cette table
brillante comme un miroir, où
elle fe repréfentoit avec des vives couleurs. Je difois en moi-
même cette richeſſe de ragoûts
que l'on nous offre eſt elle né-
ceſſaire ? Ces mets font à la verité
délicieux au goût, mais la plûpart font nuifibles à la fanté : Le
plaifir eſt le mobile de la conduite
des humains ; cependant par combien d'endroits ne porte-t'on pas
atteinte à la fanté, qui eſt le fondement de prefque tous les plaifirs ? Cette réflexion, dont la ma-
gnificence de la table fut la cauſe,
en occafionna d'autres ; je jettai
les yeux fur le befoin de tant
d'humains qui rampent dans le
monde,

monde. Je difois , en moi-même, la conduite du maître du logis n'auroit-elle pas été plus louable d'avoir employé le prix d'une partie de cette opulence de mets que l'on étale avec tant d'ordre, à adoucir l'amertume qui eft répandue fur leur vie? notre embonpoint auroit-il fouffert de ce retranchement ? je trouvai que le befoin de ceux qui éprouvent les coups de la fortune , étoit un titre qui feul leur faifoit mériter le fécours des riches. J'obfervois encore que corriger leur infortune étoit un devoir qui coule de plufieurs fources ; les riches doivent leur faire plaifir, continuois-je à dire , en moi-même, foit parce qu'ils portent leurs images, foit parce qu'ils ont refidé avec eux dans le premier homme en qui étoit un germe où tous les hommes ont été renfermez en petit, foit parce qu'il eft jufte d'employer à leur foulagement des biens qu'ils tiennent de leur pere. Mais après que j'eus reflechi fur le devoir des riches

C

vis-à-vis de ceux dont la situation
exige leurs secours, l'inegalité
des conditions fut le spectacle qui
se présenta à mon esprit. Je disois
en moi même, du premier coup
d'œil, le riche paroît beaucoup
plus heureux que l'indigent,
mais que la reflexion fait connoître les illusions de ce point de vue
si flatteur sous lequel on l'en-
visage, que ses rayons dissipent
cette grande inegalité que pré-
sente le charme des richesses.
L'etat florissant des riches, leurs
jours brillans auxquels les indigens portent envie, ne sont souvent que l'ombre de la félicité.
Les richesses sont pour plusieurs
une source d'agitations ; c'est la
satisfaction du cœur qui fait le
bonheur des humains, , & non
point les richesses. Un laboureur
goute paisiblement les charmes
du sommeil, il se leve vigoureux, à la naissance de l'aurore,
aux premiers rayons du soleil, il
part en chantant pour ouvrir le
sein de la terre, il fait ordinairement quatre repas par jour, & il

les trouve tous délicieux, il af-
fouvit chaque fois fa faim avec un
plaifir dévorant. Mais un Grand
efclave de fonrang ne goute point
cette douce tranquilité dont jouit
le cœur du laboureur, le defir de
s'avancer dans la carriere des honneurs lui dérobe une partie des
douceurs du fommeil ; eft il levé,
il travaille à couroner fes vues,
eft il arrivé au point fur lequel fe
réuniffoient toutes fes idées, il
decouvre de nouveaux objets, il
court après une gloire plus brilante les honneurs qu'on lui rend,
lui font infipides, l'éclat qui l'en-
virone ne le flate point, fa molleffe
lui fait trouver peu de plaifir dans
fes repas magnifiques. C'eft le plaifir qui conftitue le bonheur,
continuois-je à me dire, s'il eft
des plaifirs particuliers aux riches & aux Grands, ils goutent
auffi moins vivement que les indigens ceux que la nature donne,
& qui font les plus piquans, de
forte que le nombre en eft com-
penfé par la vivacité. Les plaifirs
les plus charmans naiffent de la

faim & de la soif dont sont atta-
quez les indigens, elles en sont
de veritables sources, le degré
du sentiment du besoin produit le
degré du plaisir : ainsi voila toute
disparue cette mer si grande & si
vaste que l'on apperçoit du premier coup d'œil entre les Grands
& le vulgaire : cette mer n'est que
des illusions que la reflexion dissi-
pe. D'ailleurs, ajoutai-je, que
les indigens doivent avoir peu
d'ardeur pour les richesses, leur
nécessaire doit être le point où
ils doivent arrêter leurs désirs. Les
richesses sont les moindres dons
que l'Auteur de la nature puisse
faire aux hommes, ce n'est point
par elles que Dieu les récompen-
se ; en effet, continuai-je à me
dire, on n'a pour s'en convain-
cre, qu'à porter les yeux sur le fils
d'un Prince, il nait dans le sein
de l'abondance, parmi les ris &
les jeux, cet enfant n'a point me-
rité l'éclat qui l'environne, puisqu'il n'a rien fait ; mais si Dieu
donne des richesses à des gens
qui ne les ont point meritées, de

quels biens couronnera-t-il ceux
qui auront écouté sa voix? Voila
Monsieur, des refléxions dont je
m'occupay par plusieurs reprises
pendant que j'étois à table à la
vûe de sa richesse & de son éclat,
vers le milieu du repas la joye
commença à se montrer dans le
jour de son triomphe, je vis tout
à coup éclorre un torent de propos badins; des fleuves de bagatelles couloient de la bouche
des hommes & des femmes. De
l'exces des licences qui étoit
dans leurs discours, on passa à
à un petit combat où regnoient
les ris, on se fit cette petite
guerre avec des armes compo-
posées d'un pain délicieux Les
traits partoient de bel air de
toutes parts, ils tomboient
abondamment dans le sein
des Dames qui le laissoient
voir pour en montrer les attraits, & pour mettre dans le
gout des Conseillers de nouveaux dégrez de vivacité. Que
de feu & de chaleur dans ce
riant exercice, les esprits des

Convives étoient réunis dans ce badinage comme dans leur centre commun. Ce badin combat fut suivi d'un peu de repos pendant lequel on s'engagea dans des peintures de caractere. On fit le portrait des sentimens tendres de M. le Comte de... qui est un M. à talons rouges ; voici quelques uns des traits par où on le caracterisa ; on dit que ce jeune homme réunissoit en lui les talens de la musique & de la danse, & ceux de diriger parfaitement les frisures, de distribuer des coups d'œil les plus gracieux & les plus charmans. On ajouta qu'il avoit le secret de se multiplier ; à quelque jardin, à quelque spectacle que l'on fut, on appercevoit ce jeune homme que l'on disoit orné d'enjouemens&d'attraits; a la faveur du partage géometrique qu'il faisoit du tems, il se multiplioit comme il désiroit. Ce jeune homme, continuerent-ils, a de l'amour pour

la métamorphose , il n'est point
de jour qu'on ne lui voye plusieurs habits de differentes couleurs ; il commence à jouer
son rôle assez bon matin pour
un homme de son ordre : chercher dans l'esprit le moyen de
donner plus de grace à un pli,
à une manche , c'est un de ses
soins les plus précieux. On
compta au nombre de ses attributs la legereté , le gout pour
le nombre des conquêtes. Ce
furent-là les endroits princi-
paux qu'on lui trouva : de-là on
tomba sur les principes des
Abbés , on peignit avec complaisance leur tendresse , leurs
écarts ; il en est, disoient-ils qui
se couvrent d'un dehors heureux, ils feignent de mettre leurs
charmes à se renfermer dans les
bornes étroites de leur devoir,
mais un de ces Messieurs est-il
tête à tête avec une jeune fille,
il lui fait connoître par ses yeux
gracieux & par sa douceur les
sentimens tendres que les charmes de sa figure ont fait naître

dans son cœur au milieu duquel il veut pourtant faire entendre en public avoir placé le sanctuaire de la vertu. Ces traits furent accompagnez de plusieurs autres que l'on traça avec des embellissemens : le portrait des gens du Cloître fut ensuite l'objet de leur attention ; on trouva que le murmure des passions étoit chez eux plus bruyant que chez les gens du monde, qu'il en étoit parmi eux beaucoup qui pour le faire taire récouroit au beau sexe ; on dévoila leurs caracteres, leurs cœurs, leurs écarts furent des sujets fort exercez : cet ouvrage couronné, on chanta d'un air brillant & badin une Chanson dont les premiers mots étoient, A boire, à boire, à boire, allons faisons couler ce jour sur un sable d'or & uni. On but une santé generale, on se distribua des coups d'œil si flatteurs & si vifs, qu'ils me paroissoient être l'ouvrage des sentimens que l'amour mettoit dans leurs cœurs. Je ne doutai nullement que je ne fuffe parmi des heros de la galanterie , & des femmes d'un caractere complaifant. La Marquife de... ayant mis le verre fur la table, en fouriant avec une grace merveilleufe , jetta fur moi un regard fi gracieux, qu'il ne me fut pas malaifé d'en démê- ler le principe ; à ce regard que fon fourire rendoit en- chanteur , je repondis par un doux regard & un fourire que je finis prefque auffi-tôt que je les eûs commencez. Le regard de la Marquife me fit bientôt baiffer les yeux , j'avoue que cette vue produifit quelque re- volutions au-dedans de moi , néanmoins mes principes l'em- porterent fur mes fentimens , la conduite de mon cœur ne fouffrit rien du trait que lui por- ta cette perfonne belle comme un aftre, & des yeux brillans de laquelle fe repandoient des

charmes ſur tout ſon corps.
Tandis que mes reflexions pro-
curoient le calme à mon cœur,
on fit revivre le petit jeu, la
guerre joyeuſe dont j'ai fourni
l'explication, mais la chaleur
du ſecond combat fut beaucoup moins vive que celle du
premier; rentrez dans le calme,
M. de... Conſeiller tira de ſa
poche une flute, il nous donna trois ou quatre airs extrêmement jolis, qu'il joua fort délicatement; la fineſſe de ſes
doigts me parut merveilleuſe,
il me ſembloit qu'il n'eut fait
toute ſa vie que jouer de la flute
tant ſon talent étoit parfait. Eut-
il ceſſé de toucher de cet inſtru-
ment, Madame de... qui avoit
une mouche auprès de la levre,
apparamment dans l'idée de la
rendre vermeille, prit un papier de muſique, qu'elle avoit
dans ſa poche, elle chanta avec
des charmes qui enleverent la
ſocieté; il n'entroit pas cependant dans ſon chant beaucoup

d'ordre & de justice , mais la grace avec laquelle elle chantoit , jointe à la beauté distinguée de sa voix , avoit le droit de charmer & de ravir. Après qu'elle eut chanté, je vis reproduire les propos galans , ils parurent sur le tapis avec leurs premieres couleurs, le badinage impoli fut rétabli dans tous ses droits, mais j'eus le plaisir d'en voir bien-tôt détruire l'empire par des discours pleins d'agremens : la conversation prit une face toute nouvelle, elle devint si brilante , si aimable, qu'il me sembloit estre transporté dans un autre monde , que d'amenitez, que de graces , que d'enjoumens aimables , ne vis-je pas reluire tout à coup dans leurs discours! je n'y trouvai rien qui se ressentit de l'indecence qui avoit presidé à leurs propos précédens, l'honneur de concert avec l'esprit sembloit avoir dicté leurs discours. Les Dames brilerent sur leurs pensées , & sur celle des hommes , les graces du langage avec lesquelles

elles rendirent la fineſſe de leurs
idées, la politeſſe qui ſembloît ſor
tir de toutes les parties de leurs
corps tirerent de moi une vive
admiration. Les Conſeillers
de leur côté mirent dans ce
qu'ils dirent une élegance
des plus charmantes & une
legereté merveilleuſe ; que
d'éclairs d'eſprit ne firent-ils
pas briller ? que de graces
ne prodiguerent-ils point ? &
cela avoît des manieres les plus
polies, & un air de joie le plus
moderé ; tous ces agrémens
joints à ceux que j'obſervois
dans les Dames, donnoient à la
converſation des charmes les
plus raviſſans. Mais cette converſation ſi fine & ſi élégante
qui avoit pris pluſieurs fois des
tours merveilleux, fut après s'ê-
tre ſoutenûe quelque tems, dé-
pouillée de toutes ſes amenitez,
On tomba dans le recit de pompe-
uſes bagatelles; & après avoir fait
éclore mille inutillités charmantes on ſortit de table ſans
avoir pour ainſi-dire touché à
un deſſert magnifique dont on
venoit de la parer. Dès qu'on

fut levé on danſa des Menuets,
dans cet exercice, je vis briller a-
vec un éclat diſtingué la Ducheſſe
de ... dont la tête étoit ornée de
Diamans ; que de graces & de
Majeſté ne faiſoit elle pas paroître
en danſant ! j'admirai ſes attraits
ſans en ſentir le pouvoir. Le ſaut
de Mouchico ſuivit les Menuets
que l'on danſa, dans l'action de la
Comteſſe de ... vive de ſon naturel comme une anguille, il
entra une chaleur & une vivacité bien au-deſſus de quelque
Peinture que j'en pourrois faire,
elle auroit danſé d'une maniere
digne d'admiration, ſi la vive agi-
tation à laquelle elle ſe livroit,
avoit été accompagnée d'un peu
d'ordre & de juſteſſe, la grace
qu'elle faiſoit reluire à quelques
inſtans, étoit obſcurcie par la con-
fuſion qui entroit dans ſa danſe.
En finiſſant elle me jetta dans
une vive ſurpriſe, c'eſt qu'elle
formoit un petit bruit avec ſes
petits doigts mignons attachez à
une main d'une petiteſſe extraordinaire, & d'une blancheur

D

éblouïssante. L'air avec lequel elle faisoit aller ses bras pote-
lez, & d'une beauté admirable,
joint au bruit qu'excitoit le choc
de ses petis doigts charmans, rendoit sur elle mes yeux immobi-
les : la fraicheur de sa jeunesse,
la régularité de ses traits, la noblesse de sa phisionomie, la réu-
nion de ces agrémens rendoit
sa figure plus touchante. A l'égard
des Conseillers ils danserent avec
assez de grace & assez de feu,
il n'y eut que M de... qui se
distingua avec éclat. Je lui trouvai
une finesse infinie dans le coup
de pié, une légereté extrême
dans toute sa personne, ô le voilà
d'un air hardi faire des Entre-
chats surprenans, ils les multi-
plie avec une extrême gayeté,
il se jette dans une chaleur &
une vivacité dont je ne l'aurois
pas cru susceptible. La Marquise
de.. qui étoit en danse, s'arrêta
pour voir danser cet ami de Cupidon dans ce gout étonant; elle s'e-
crioit oh! quelle perfection, quel
talent brillant, avec quelle grace

ne l'exerce il pas, quelle facilité dans l'exécution! pendant qu'elle s'epuisoit en admiration sur le talent de cet aimable, il fit un saut le plus étonnant qui fut couronné de mille louanges. Cependant la danse commencoit à tomber, je la voyois affoiblir par des petites éclipses d'hommes & de femmes qui avoient sans doute dans leurs idées des plaisirs plus piquans que la danse. Mes principes furent choquez de ce spectacle, & pendant que je roulois dans mon esprit les charmes de la vertu, le Maître de la Maison s'aprocha de moi, & me dit à l'écart, vôtre air de réserve me surprend beaucoup, Monsieur, faut-il se gener avec des gens dont la simplicité des idées répond à celle des manieres ? alors en m'indiquant avec son doigt une petite porte, allez dans ce lieu, me dit-il, vous y trouverez des Dames qui y font briller leurs apas d'une maniere distinguée, allez, allez, continuat-il en souriant, elles sont l'un

caractere très gracieux , par raport à moi , & encore plus par
raport à vos charmes elles vous
feront l'acceuil qui répond à vôtre défir. Je me défendis par des
raifons de fanté , je fortis d'embarras à la faveur de ce reffort.
Son difcours n'étoit point capable de me faire bleffer mes principes, l'honneur eft un bien que
mon cœur cherit, écouter fa voix,
c'eft dans mon caractere un devoir facré. Le Confeiller me
propofa d'aller faire un tour au
Jardin , j'acceptai ce plaifir avec
avidité pour ne plus rendre
mes yeux temoins des folies de
la focieté ; nous entrâmes dans
un Jardin où les ris & les graces
fembloient avoir fixé leur féjour,
il me conduifit dans un petit Cabinet de verdure où il faifoit une
fraicheur délicieufe , ce petit Cabinet ou l'art étoit joint aux charmes de la nature , avoit une vûe
magnifique , brillante ; quantité
de Prairies , de Bocages , & de
Vignobles élevez comme des
Amphiteâtres , s'offroient aux

yeux, ce riant berceau de verdure étoit à côté d'un Bois
dont la tête des Arbres sembloit
monter jusqu'aux Astres. Là à l'a-
bri des rayons du Soleil qui fra-
poient avec assez de force, nous
nous assimes, & le Conseiller
m'y parla dans ce gout, je crois
avoir aperçu à table, cher ami,
que vous étiez en peine de sçavoir
avec quels caracteres vous étiez
associé, je veux bien vous tirer
d'embaras, & vous donner des
lumieres sur le caractere des per-
sonnes charmantes que nous venons de quitter. La Dame brilante
qui étoit à mon côté, & sur la
cuisse de laquelle je m'exer-
çois d'une main badine pour l'ex-
citer à manger, est la Duchesse
de ... Dans son caractere le goit
pour les Messieurs tient la premiere place ; vous êes - vous a-
perçu de la tendresse des regards
qu'elle a distribué à table avec
tant d'abondance ; que ses yeux,
cher ami, sont piquans, qu'ils
ont des attraits! amie des Messieurs
aimables, elle laisse cueillir aise-

ment chez elle des Palmes & des lauriers; elle eſt héritiere du gout de ſa chere mere qui éxerce toûjours ſes principes à la Cour la plus brillante de l'univers. Avez vous fait attention aux Pierreries dont ſa coeffure eſt ornée, c'eſt un préſent que mon amour lui a fait, c'eſt le prix de ſa complaiſance pour moi. Oui, cher ami, ajouta t-il en riant, & en me mettant la main ſur l'épaule, il y a chez moi aſſez de profondeur dans la galanterie, l'amour eſt allumé dans mon cœur pour les filles & les femmes aimables. La Dame qui étoit; continua t-il, à côté de cet aimable dont vous avez remarqué le talent pour le violon, n'eſt titrée d'aucun nom de dignité, elle n'a que deux titres, celui d'être riche, & celui de femme douce, le nombre des amis tendres n'excite pas chez elle la plus petite peur. Il tomba enſuite ſur le caractere de la Marquiſe de ... qui jouiſſoit d'une jeuneſſe brillante, cette jeune perſonne, dit-il, qui atant de vivacité dans les yeux, mais qu'une douceur charmante temperé, est la Marquise de ... son caractere est des plus faciles & des plus accomodans; elle ne se retire que quand l'Aurore vient nous anoncer le jour, pendant que le Soleil éclaire l'autre hemisphere, elle célebre l'empire du jeu & de l'amour: la Dame continuat-il, qui se distingue par l'abondance des Pompons & du rouge, & qui étoit auprès du jeune homme qui a joüé avec tant de délicatesse de la flute, est la Comtesse de ... elle jouissoit du doux nom de mere avant d'être engagée dans les liens de l'himenée, & avant de connoître celui avec qui elle a formé ce nœud. Qu'elle est jolie, Monsieur, quelle est jolie! la vûe de son sein charmant qu'elle a beaucoup découvert, & dont les agrémens sont relevez par un Bouquet composé en partie d'une Orange verte, n'a-t-elle pas fait entrer dans vôtre cœur quelque étincelle du feu de l'amour: il n'attendit pas la réponse de la question à laquelle il donna le jour, il se mit à m'ouvrir les

principes des Meffieurs dont il
m'aprit les noms & les titres. Il
remarqua que c'étoient des Confeillers qui avoient une confidération infinie pour les Dames,
qu'ils n'avoient pas à beaucoup
prés de l'averfion pour les plaifirs
galans. Il acheva leurs Portraits, en me difant que dans leur
caractere mille qualitez charman-
tesétoient liéesavecla galanterie:
puis me donnant avec fa main
deux petits coups fur l'épaule,
j'aurois fouhaité, Monfieur, me
dit-il, que cette partie qui eft fi
riante & fi vive pour eux & pour
pour moi, ne le fut pas moins
pour vous. Après avoir difcouru
quelque tems, nous nous leva-
mes, & nous quittames le riant
Cabinet de verdure, pour aller
rejoindre les Convives qui faifoient regner les Jeux & les A-
mours, arrivez à la porte du Logis, le Confeiller d'un air le plus
enjoué fe mit à chanter.

Cherchons la paix dans cet azile,
Les jeux suivront toujours nos pas;
Quand on le veut il est facile,
De s'affûter un repos plein d'apas.

C'est ici, cher ami, me dit-il, en entrant, qu'est le séjour des Amours, ici tout le monde est couronné, les femmes y sont douces comme des agnaux, elles ne mettent aucune distinction entre les Messieurs, c'est un privilége de la Fête brillante, que nous y célébrons aujourd'huy.

Etant parvenus à la Chambre qui étoit le Théatre de la danse, nous y vimes reunis tous les heros & les heroines de la galanterie dont j'avois remarqué l'éclipse de plusieurs avant d'aller au Jardin: ils en étoient aux propos agréables lors que nous les rejoignimes, ils firent beaucoup de courses sur les maximes des Seigneurs de la Cour, ayant parcouru une partie de leurs principes, ils s'engagerent dans le jeu, qu'ils ne quitterent que deux ou trois heures avant que le Prince des Astres

le pere du Jour & des beautez
commenceat à embellir de ſes
rayons l'autre côté du Monde ;
le jeu fini, nous fumes au Jardin
riant & délicieux où j'avois été,
& dont je n'avois vû qu'une partie qui étoit pleine d'attraits: comme il avoit fait une vive chaleur,
& qu'elle commençoit à ſe tem-
perer par l'affoibliſſement des
rayons du Soleil qui la produiſi-
rent, le déſir de goûter la
fraicheur de l'air, autant que les
agrémens du Jardin exciterent
la joyeuſe Société, de s'aller di-
vertir & danſer dans ce beau lieu,
nous penétrâmes juſqu'à un Bocage odoriferant, il étoit couronné d'une riante verdure, le gazon y étoit frais, & dans quelques
endroits il étoit fleuri : un nombre infini d'Oiſeaux faiſoit enten-
tre dans ce beau lieu, un Concert
agréable, qui joint au doux murmure de quelques petites Fontai-
nes & de quantité de Jets-d'eau
dont le Jardin étoit orné, formoit
un bruit le plus charmant. le plus
délicieux ; dans ce riant Bocage

les Conseillers & les Dames se
mirent à danser sur le Gazon, au
son de la flute du Conseiller qui
avoit joüé de cet Instrument à
diner ; il tira comme à diner, la
flute de sa poche, & il me parut fort attentif à la faire suivre
avec lui. Aprés avoir dansé quelque tems sur le gazon, on s'assit
sur des chaises; on parla avec une
liberté qui étoit portée au plus
haut point : dans la chaleur de la
joye j'entendis dire au Maître du
logis, «vive, vive le regne de
l'Amour, que cet empire est joli,
qu'il est doux, qu'il est charmant !
que les jeunes Conseillers au
Parlement de Paris, dit la Duchesse de … sont aimables, qu'ils
sont tendres, qu'ils sont galans !
de semblables discours qui se
soutinrent long tems, furent
terminez par un branle aux chan-
sons : cependant le Ciel étoit
parsemé d'un nombre infini d'E-
toiles plus brilantes qu'à l'ordinaire, il y avoit long tems que
le Soleil étoit entré dans l'autre
Horison. Comme la fraicheur

qui régnoit dans le Bocage où
nous étions , étoit délicieuse,
on jugea à propos d'y souper;
lesConvives se mirentàtable dars
une allée riante ; leurs premiers
discours furent assez reglez , &
outre que l'honéteté y répandoit
passablement de ses rayons, j'y
aperçus un air de propreté qui fut
suivi de quelque parure ; mais
ces discours polis & ingenieux
firent bien-tôt place à un badinage deshonete qui exerça ses
droits assez long-tems. Ensuite
tout à coup je vis reprendre à
leurs discours les mêmes amenitez & la même élégance que j'a-
vois aperçu dans les entretiens
honêtes dont ma raison fut le
plus satisfaite, je trouvai dans ces
derniers discours un sel fin & dé-
licat, la nature y brilloit de mille
graces , les Roses les plus charmantes m'y paroissoient semées.
Les Dames parlerent avec une
politesse & un agrement quil est
difficile d'égaler, les expressions
des Messieurs étoient simples,
mais sibelles, que pour être pro-

duites in promtu , elles fembloient pour ainfi-dire de l'or &
des pierres precieufes. Cette con-
verfation charman te difparut ,
des recits marquez au coin de la
réprehenfion leur fuccederent;
on ne pouvoit voir parler les
Confeillers fans comprendre qu'ils
portoient au fond du cœur la galanterie , leurs yeux, leurs manieres compofoient un M iroi
où elle fe montroit. Les Dames
ne faifoient pas moins paroître les
feux qui étoient allumez dans
leurs pauvres cœurs, leurs difcours portoient des empreintes
de leurs paffions, toutes leurs
phrafes fembloient tracées par
galanterie même, on auroit dit
qu'elle avoit pris le Pinceau
pour fe peindre par les traits
les plus fenfibles. Mais quelle
fut la fuite de ces entretiens galans fur lefquels on ne jugea pas
a propos de jetter un voile? ce
fut un enchaînement de Peintures, parmi lefquelles étoit
celle-ci. On aprecia Monfieur
l'Abbé de.. par fon cœur, on

dit qu'il penſoit d'une maniere fort tendre, qu'il ne voiloit pas ſon gout pour la galanterie d'un petit air de ſageſſe comme font d'autres Abbez, qu'il ſe produiſoit dans les cercles fleuris, qu'une caiſſe que quelques petits Maîtres avoient à l'Opera afin d'attrouper des filles, étant venûe à crever par un violent coup de baguette que l'Abbé y donna, il mit entre les mains de Mademoiſelle de ... Adrice dequoi faire rétablir cette Caiſſe, ſur laquelle, ajouta ton, il faiſoit aller la baguette avec une viteſſe admirable. On peſa les déſirs galans de cet Abbé avec ceux de Monſieur le Preſident de ... & on leur fit emporter la balance. On raconta pluſieurs avantures d'eclat où le hazard l'avoit jetté; on aſſura que Mademoiſelle de ... que l'on dit avoir ordinairement un teint de Roſes & de Lys, venoit de l'arracher de ſon cœur, parce qu'il l'avoit embellie d'un petit bijoux, d'une fleur de Cytheie.

Le portrait de l'Abbé fini, on se leva, on renvoya la Livrée, & on se mit à danser dans l'Allée charmante ou l'on venoit de souper. On m'offrit un spectacle auquel je ne m'attendois pas ; je vis danser avec une gayeté portée à son comble les hommes & les femmes, ayant chacun à la main un flambeau allumé. Le Maître du Logis qui n'étoit pas encore entré dans cette danse, s'aprocha de moi, & me dit qu'elle étoit en usage chez les Princes de l'Empire, & qu'elle s'appelloit la Danse aux flambeaux. Il m'invita à cet exercice par deux ou trois reprises, mais je me défendis de ces invitations par des excuses que je tirai d'une indisposition, sur laquelle je lui avois déja donné des lumieres. Cet ami & tendre ami de la galanterie partit de moi d'un air le plus vif, le plus animé, & fut se mêler avec une joye brillante parmi les Danseurs & les Danseuses. Je ris de la singularité de cette Danse que je regardois comme un

E ij

reſſort , que la ſocieté avoit dans
ſes idées pour remuer ſes paſſions
avec plus d'empire & de vivacité.
Je m'aperçut qu'elle étoit atten-
tive à faire fleurir la galanterie par
toutes ſortes d'endroits. L'exercic-
ce, qu'elle étoit, préſent à mes yeux,
je vis Monſieur de . . . . Conſeiller dans une vive action ; je ne
ſçai ſi la danſe dont on s'occupoit,
exigeoit les divers mouvemens
auxquels il ſe prettoit , ou ſi ne
l'ayant point appriſe, il ſuivoit la
conduite que ſon idée lui dic-
toit : quoi qu'il en ſoit , ſes pieds
alloient auſſi vite , que la flame
d'une bougie , je lui vis faire
avec ſa jambe un nombre infini de petits cercles que ſon
pied coupoit au milieu avec
beaucoup de fineſſe. Il ne man-,
quoit point de multiplier les ſauts
il en fit un ſi grand , que le
flambeau que tenoit ſa main ,
attrapa à une branche d'Arbre qui
étoit ſi haute que je ne l'auroispas
cru capable de l'y porter ; ſon
flambeau en ſe heurtant contre
cette branche, s'étegnit, & parſe-

ma l'air d'alentour d'un nombre infini d'etincelles.

Après que les Conseillers & les Dames se furent réjouis par des danses diverses & rieteréés, ils vinrent pour ainsi-dire comme des éclairs s'assoir dans une petite allée ou j'étois assis, & d'où je les regardois, ayant formé une espece de cercle, la Marquise de … qui étoit à mon côté, porta sur ma main la sienne qui étoit d'une blancheur de lys melée de roses ; & mettant dans ses yeux de la vivacité, & même à ce qu'il me sembloit de l'amour, Il faut mêller, me dit-elle doucement votre joye avec la nôtre ; écartez cet air réflechi que je vous aperçois, & que je pense avoir sa source dans la timidité. La liberté est de nôtre gout, son exercice, ajouta elle, en me serrant la main, ne déplaît point à nos principes. Le tems de lui répondre me fut ravi par la proposition que les Conseillers firent aux femmes de les amuser, chacune par une histoire, par des Portraits, elles voulurent bien se rendre à leurs desirs; la Duchesse de ... commença d'un air rempli d'agrémens, & raconta ce qui suit.

Monsieur le Comte de... que vous connoissez peut être, est un Monsieur dont le caractere offre un spectacle curieux. Quelquefois il se déchaîne contre les écarts galans des femmes aimables, au préjudice de l'attrait qu'il à pour elles, une autrefois il donne des éloges à leur conduite, il dresse des trophées à l'amour. Le titre de bel esprit, poursuivit elle, à pour lui des charmes les plus brillans, la conquête de ce titre est chez lui une fureur. Monsieur de ... qui se distingue par la superiorité de ses lumieres, & qui est un homme à differentes faces, l'engagea dernierement à lui pretter 100 louis par des louanges qu'il avoit donné aux qualités de son esprit. Ce sçavant dans le caractere duquel se trouve la duplicité, & qui rit à l'écart de son petit Maître, continue tous les jours à mi donner des éloges dans l'idée d'une pension ; le petit Maître croit trouver dans ses louanges un titre pour briller. Le petit Maître, poursuivit la Duchesse, fait jouer depuis six mois les ressorts de l'imagination pour mettre dans la structure de son habit plus d'art, & plus d'agrément, & pour donner des hanches à ceux qui n'en ont point reçu de la nature. Un Tailleur qui rit de lui, m'a assuré que sa vûe est d'acquérir par quelque invention touchant la parure une reputation brilante, de se faire un nom. Un éclat de rire partit comme de concert de chaque Convive. Pendant ce tems là, en riant comme les autres, je disois en moi même, quelle occupation, quel égarement ! un plit de plus ou de moins doit-il faire le sujet de l'étude d'un homme, peut-il donner du prix au merite quelle puerilité ! quel ridicule ! les ris finis, la Duchesse reprit le caractere du Comte, ce petit Maître, dit-elle,

mandie le secours de l'art, il
met sur son visage une couche
legere du rouge. Je trouve du
ridicule dans ce trait, continua
t'elle en souriant, parce qu'il
part d'un homme, il n'est aimable & bien placé que chez les
femmes, car leur sexe les auto-
rise à jetter un voile heureux
sur le visage, à recourir a l'art
quand elles sont mal partagées
des graces de la nature. Les
hommes doivent nous plaire à
la verité parce que nous le me-
ritons, mais, ajouta-elle avec un
bon sens que j'admirai, ils sont
faits aussi pour quelque autre
chose, que pour se faire aimer
le petit Maître dont je viens de
vous parler, poursuivit-elle, à
le cœur aussi leger que l'onde la
plus mobile, Madame de... sur
qui la nature a versé à pleines
mains ses dons les plus précieux
ayant eu la foiblesse d'entrer dans
ses chaines, il rompit le nœud
de leur intrigue, pour ainsi-dire,
à la naissance de leur amours;
ce Perfide chantoit dernierement

aux Thuilleries , comme un triomphe magnifique , l'abandonnement qu'il avoit fait de cette belle. Il y a deux ans que son caractere m'étoit inconu, mais un trait de ma simplicité m'en dévoila une partie ; je lui confié un discours qu'il me promit cacher dans le fond de son cœur , comme dans un puits profond , mais j'apris bien-tôt qu'il l'avoit semé dans plusieurs endroits malgré les sermens de la fidelité & de l'honneur avec lesquels il s'étoit engagé à ne le point reveler ; à la fin de ces mots la Duchesse fut interrompue par la demande qu'on lui fit de quelques explications sur ce secret , mais elle les refusa , & s'arrettant pour prendre un peu d'haleine , son recit dans lequel elle avoit semé des graces & de l'élegance , me ramena à des reflexions autant sur l'indiscretion , que sur le peu de prudence de ceux qui l'occasionent. Je disois en moi même , pourquoi se porter à une ouverture que l'on fait fous le fceau du fecret, lorfque l'on ne veut point qu'ne chofe penetre, il faut la retenir au dedans de foi même, peut-elle avoir un azile mieux affuré ? il n'y à point de fageffe de la confier puifque c'eft en rifquer la découverte. d'uu autre côté continuois-je à dire en moi même, le fecret eft un dépot facré, c'eft un bien dont il ne nous eft pas permis de difpofer, puifqu'il apartient a autrui : & outre que l'indifcretion eft par cette confidération un crime odieux, la noirceur de ce crime reçoit des accroiffemens par l'abus que l'on fait de la confiance d'un ami, car un homme ne verfe dans le cœur d'un autre un fecret, que parce qu'il le croit tenir à lui par les liens de l'amitié. D'ai-leurs celui qui confie le fecret, & celui qui le reçoit, ne font, quant a ce point, qu'une mê-me perfonne. Si l'interêt du pre-mier eft engagé dans la con-fervation du fecret, l'interêt du fecond ne l'eft pas moins, puifque son honneur seroit blessé par son infidelité. Loin donc de dissiper le dépot précieux dont on s'est chargé, une attention exacte doit le mettre à l'abri du larcin que des discours subtils en pourroient faire ; on à beau multplier les questions, le secret ne doit jamais sortir de la bouche ; on peut répondre sans blesser la verité & sans rien faire transpirer de ce que l'on ne doit point reveler, on peut prendre des détours, & éviter par là le mensonge que l'on ne doit point dire, dût-il nous garantir la vie, puisqu'il blesse la vertu, & par-conséquent l'honneur qui est préferable à la vie.

La Duchesse dont le cours du discours avoit été arreté par la curiosité de la societé, se remit à peindre son petit Maître, & à raconter de ses faits. Ce petit Maitre, dit-elle, nourit des idées de parure, un déhors riant, un extérieur magnifique attache la pluspart du tems son attention : il est piqué d'un ardent désir d'in-

venter des modes charmantes. Il
va faire éclore inceſſament quelques unes de ſes inventions, mais
il veut pouſſer le rafinement
plus loin, c'eſt l'aveu qu'il a
fait à ſon Taileur, que je vis
Jeudy dernier, & qui me dit
regreter l'embarras ou ſe jette
l'eſprit de ce jeune homme. Le
petit Maître lui a fait entendre
qu'il eſperoit enrichir les Tail-
leurs des tréſors de ſes inventions, devenir une ſource ou ils
iroient puiſer des modes. Comme nous ſommes dans l'Automne, & que les rigeurs de l'hyver
vont bien-tôt ſucceder aux charmes de cette ſaiſon, le petit
Maître à commandé un Man-
chon capable d'étonner par la
ſinguliarité de ſon goût ; il a dicté les regles pour le faire, de même
que l'art qui ſe trouvera dans la
ceinture. Je ne doute point que
lorſque le tems de s'en parer ſe-
ra venu que l'hyver commence-
ra à exercer ſon empire, il n'ail-
le avec un exces d'empreſſement
au Spectacle y étaler ces orne-

mens. L'ironie , continua la Duchesse, est beaucoup de son goût; . dans un cercle fleuri où j'étois dernierement , il donna d'un ton doucereux trente ans à Madame de ... qui en avoit cinquante-cinq, & qui porte dejà la vielleße empreinte sur son visage. Il lui suposa une beauté qu'elle n'avoit jamais eu, & s'aprochant de moi,il me dit à l'oreille , il faut encourager les gens , l'air de Madame de .... à qui je viens d'attribuer les graces de la jeuneße , annonce qu'elle a plus de soixante ans. Le petit Maître n'eut pas plutôt fini ces mots qu'il se mit à dire un couplet de Chanson , puis en riant , il entreprit la Dame qu'il avoit irité par son ironie, il lui attribua bien de petites choses qui n'étoient à beaucoup près charmantes ; il se promena & se divertit long tems la dessus, son discours prit plusieurs tours malins ; Madame de .. ne peut repousser bien des traits qu'il lui porta. Après cette operation brilante , le petit Maitre me dit

d'un ton gai qui fembloit produit par le triomphe qu'il venoit
de remporter, he bien croyez
vous que Madame de... que
je viens de combattre, ait le
cœur bien riant ? n'a-t-elle pas dû
retirer de la fatisfaction de mes
difcours ? que vous êtes badin,
Monfieur, que vous être badin,
lui repondis-je, vos difcours ont
introduit les ris fur les levres de
Madame de,... Mais ces ris étoient
pleins de fiel : vous ne commencez pas mal à vous établir dans le
monde le caractere de petit Maître. Moy petit Maître, répondit il
je n'en ay autun principe ; vous
l'êtes, lui dis-je, mais des mieux
caracterifez, puifqu'il faut s'ex-
pliquer clairement, produire fon
fentiment fans detour. Auffi-tôt
en écartant fa tête de mon oreille,
il fit des éclats de rire dont la
force croiffoit de degré en degré,
il tira de fa poche une tabatiere
d'or, il prit du tabac, & touffa
d'une maniere comique, puis il
fe leva, & fit en fiflant quelques
pas de danfe. Ce fut la où il it

la Ducheſſe, la peinture qu'elle
fit de la conduite que tint le
petit Maître vis-à-vis de Madame
de, me fit réflechir ſur le gout
dans lequel on doit railler,
Quand on ſe prête à la rail-
lerie, diſois-je en moi même ; on
ne doit jamais perdre de
vûe les bienſeances, il ne faut
jamais s'oublier, ſur le reſpect
qu'on leur doit. D'ailleurs on ne
doit toucherqu'à de foibles défauts, & ne point devoiler ceux
dont le jour peut choquer, &
dont la découverte peut porter
quelque coup à l'honneur. Il faut
enfin ne point mortifier l'a-
mour propre, & par conſéquent
ne point remporter un triomphe
complet. Il faut faire varier quelque fois la victoire, mais ne la
porter jamais à un dégré qui puiſ-
ſe faire naître un dépit humiliant.
D'un autre côté, continuois je,
cette jeune Dame vient de montrer de l'averſion pour les ſatires
du petit Maître, cependant il y a
entre eux, quant à ce point, une
conformité decaractere je ne fus

pas surpris, Monsieur, de la mora-
le de la Duchesse vis-à-vis du petit Maître. Car on peint quelque
fois les graces de l'honnêteté &
on est le premier à s'en écarter.
On condamne souvent les principes que l'on suit, on ne voit sés
défauts qu'à travers un voile
épais, tandis qu'on voit ceux
d'autrui avec leurs veritables
couleurs. C'est le défaut de reflexion qui laisse obscurcir à
l'amour propre le Miroir où
l'ame se regarde.

Après que la Duchesse eut fini
son discours, qui fut fait avec
bien plus de grace & de sel
que je n'ay pû lui en conserver,
la Marquise de... fit son histoire, le
desir de voir la Comtesse de ...
dit elle m'amena hier chez elle
en sortant des Thuilleries; cette
jeune Dame qui a une phi-
siomie douce & riante, & qui
est aussi aimable par les agrémens de sa conversation, que
par ceux de sa personne, a presque
toûjours chez elle des jeunes
gens; hier lorsque j'y étois, il y en

avoit une foule de magnifiques ,
c'étoit des Meſſieurs à talons
rouges : on entendoit dans cette
Maiſon le violon & la flute,
j'y trouvai beaucoup de plaiſirs
raſſemblez ; la muſique , la danſe
& le jeu y étoient réunis. Les
petits Maîtres étoient dans ces
differens exercices : en entrant
dans la chambre où étoit cette
brillante aſſemblée , je fus aper-
çue de pluſieurs petits Maîtres
dont les uns jouoient de la flute ,
& les autres du violon. Ces
Muſiciens, en continuant leur
exercice, me ſaluerent avec des
coups d'œil doucereux , en pen-
chant & ſecouant la tête de la
maniere la plus drolle. Je m'a-
vançai & penetrai juſquà la
Comteſſe qui étoit ſur un Fau-
teuil vis-à-vis de Monſieur l'Abbé de, . . . qui eſt un homme
chez qui le bon gout ſe trouve
joint au ſçavoir de toutes les
choſes. Ils ſe leverent, ſe re-
mirent, & je m'aſſis avec eux.
Après que j'en eû receu les
honneurs , l'Abbé qui en

ètoit fur l'éloquence lorſque j'arrivai, fut prié par la
Marquiſe de reprendre ſon diſcours, cet eſprit brillant eut
cette complaiſance, & voici l'ex-
trait de ſes diſcours.

Toutes les qualitez de l'Orateur, diſoit-il, ont leur ſource
dans la nature; l'Art ne fait que
developer & polir les talens;ainſi
un diſcours ne peut être Orateur,
s'il n'eſt marqué au coin de la
nature; c'eſt elle qui doit le dic-
ter, ce n'eſt qu'en tenant ſon
langage qu'on peut aller au cœur,
ce ne ſont que les expreſſions &
les rai ons naturelles qui ont le
don de perſuaſion. Mais continuoit
l'Abbé, un diſcours ne peut eſtre
riant & aimable ſi l'art ne lui
prête des ornemens, s'il ne polit
le langage que la nature y par-
le. Pour qu'un diſcours ſoit ve-
ritablement naturel, & par conſéquent Orateur, il y doit entrer de l'art, parce que c'eſt
l'Art qui montre la nature avec
ſes propres graces & ſes veritables attraits. Mais il faut auſſi

poursuivit-il, qu'il n'y ait dans
le discours qu'autant d'art qu'il
est necessaire pour déveloper les
agrémens de la nature, & la rendre aimable : s'il en entroit d'a-
vantage, son éclat effaceroit les
graces de la nature. Il ajoûta
que toutes les idées qui se présentent à l'esprit, n'étoient point
naturelles, que pour bien connoître la nature, il en falloit étu-
dier long-tems les ressorts, que
ce n'étoit pas tout à coup que
la nature non plus que l'art faisoient leurs plus excelentes pro-
ductions, semblables en cela
aux Arbres qui ne nous rendent
les Fruits, qu'après qu'ils se
sont fleuris. Il observa encore
que la dignité du sujet que l'on
traite, faisoit réjaillir sur les paroles de son éclat, de son brillant, & que c'étoit par consé-
quent d'elle que sortoit le premier ornement du discours. Il
ajoûta que la noblesse de nos pensées venoit de la majesté des choses dont elles sont les Images,
tout comme la beauté des mots

venoit des agremens des objets qu'ils nous réprefentent.

Voilà, dit la Marquife, l'abregé des difcours dont l'Abbé s'occupa en ma préfence, il toucha ces endroits avec beaucoup de délicateffe ; un ruiffeau d'agremens fembloit fortir de fa bouche ; il communiquoit fes idées fines & deliées par des termes fimples mais charmans, lorfqu'il continuoit à nous entretenir de l'éloquence, & qu'il en examinoit la fource, il laiffa tomber fa Tabatiere, il s'abaiffa pour la lever ; pendant ce tems là la Comteffe me dit à l'oreille, le difcours de l'Abbé eft un difcours de Cabinet, c'eft le fruit de la réflexion, & non de la penfée, il ne le debite que dans l'idée de faire briller fon efprit ; il eft devoré de l'amour de la gloire. Je m'etois déjà figurée ce que la Comteffe me dit, il me fembloit que l'Abbé ne pouvoit pas être fi brilant fans preparation ; les ornemens & les mignardifes qui étoient dans fon difcours, me

paroiſſoient être le fruit de l'é-
tude & de l'Art. Mais ſi cet Abbé, continua la Marquiſe, eſt
piqué du déſir de briller par leſ-
prit, s'il a du goût pour la gloire,
il n'en a pas moins pour les femmes aimables ; il feint cependant
d'être inſenſible à leurs charmes;
on le voit quelquefois dans les
cercles porter des coups à leur
tendreſſe ; ſon diſcours eſt armé
de foudres & d'éclairs, on di-
roit qu'il eſt le fleau de l'Amour.
Mais ce n'eſt là qu'une conduite
d'artifice : lorſqu'il eſt avec une
jolie femme dans un lieu à ne
pouvoir point être aperçu, il eſt
d'une douceur infinie, on m'a aſ-
furé qu'une Demoiſelle qui tient
à lui par le nœud d'une intrigue
galante ſe trouve fort bien de ſa
generoſité, & qu'il eſt rare quand
il n'a point à ſa poche quelque
Ruban ou quelque Tabatiere ,
pour lui en faire préſent. En finiſſant ces mots, la Marquiſe dit en
regardant les Conſeillers d'un œil
doucereux & galant, la generoſité , Meſſieurs , eſt le partage des

âmes nobles, quelque part où je trouve cette qualité, j'ai pour elle des sentimens d'admiration. Puis elle retomba sur l'Abbé, & revint à son discours fleuri. Je trouvois, disoit-elle, des charmes pour l'esprit dans les entretiens sur l'éloquence auxquels se prêta l'Abbé : il y avoit dans ses pensées du tour, du brilant, j'admirois les richesses de l'immagination que je lui voyois produire. Pendant qu'il s'étendoit sur les qualitez de l'Orateur, & qu'il frapoit par des traits aimables & gracieux les objets qu'il présentoit, Monsieur le Comte de .... qui étoit un des petits Maîtres de l'assemblée, vint me prier d'aller danser un Menuet. Je me levai, & je me rendis à sa politesse. Après avoir dansé nous fumes nous asseoir. Le petit Maître commença par m'entretenir de Monsieur le Comte de... qui étoit de la société, & un de ceux qui jouoient des Instrumens de Musique. Le Comte, me dit il, aime le plaisir, il le cherche, il ne

s'occupe que d'un foin fi doux.
Il eft attentif à faire fa cour à une
Demoifelle charmante qui eft for-
tie du Couvent depuis quelques
jours. Cette fille, continua-t'il,
a une bouche d'une petiteffe remarquable, & les yeux les plus
beaux du monde. La fineffe de
fes traits eft accompagnée d'une
blancheur éblouiffante, relevée
d'une couleur de Rofe. Indépen-
demment de tant d'attraits, elle
eft admirable autant par l'exce-
lence du caractere de fon cœur,
que par le caractere brillant de
fon efprit. Cette fille, pourfuivit
il, n'a point aporté, à la verité,
du Couvent un fond bien confi-
derable de politeffe, mais dans un
mois qu'elle a été à fa Maifon
Paternelle, elle a pris un air de
dignité & les manieres les plus
élegantes. Comme l'âge a terni
une partie des charmes de fa mere, celle-ci étaye fa gloire par
fa figure, fes attraits fletris re-
fleuriffent dans ceux de fa fille,
elle les voit chez elle dans leur
printemps naiffant. Le Comte

qui veut s'engager dans les liens de l'hymenée, a fait tomber ses vûes sur cette fille aimable, il la poursuit dans l'idée du Mariage, il m'a assuré du moins que c'étoit à ce titre, qu'il désiroit son cœur. Mais comme je le connois d'un caractere à ne point faire entrer de la fermeté dans ses résolutions, j'aprehende que cette fille n'en soit dupe. Hier il fut la voir, j'étois avec lui, il lui parla d'un stile tendre ; il lui déclara que ses yeux, de même que son cœur trouvoient dans ses apas une nouriture exquise. Ce discours me parut offenser sa pudeur, car je la vis rougir, le changement de couléur rendit son visage plus agréable, plus touchant. Si cette fille, poursuivit le petit Maître, fonde sur les promesses du Comte, elle risque d'être trompée, c'est un homme aussi flotant que les Vagues de la Mer, son caractere dont aucun attribut ne m'est point caché, me fait présumer, Madame, que la seule jouissance est le point qui

répond à ses idées. Si le triomphe dépend des promesses, il
ne manque point de l'acquerir;
c'est un homme qui promet
tout ce que l'on désire, mais qui
ne passe point ordinairement au-
delà. Combien de filles n'a-t-il
pas amusé sous le beau nom du
mariage ! il regarde ce nom
comme un passeport pour arriver
à son but.

Après que le petit Maître m'eut
fait toutes ces peintures, dit la
Marquise, ses pieds commencerent un petit badinage : tantôt
il les faisoit danser, tantôt il les
appuyoit sur leur pointe, tantôt
il les couchoit sur le talon. Comme il se prêtoit à ce petit jeu, je
vis rouler le gras de sa jambe ; à
cette vue je lui dis s'il fascinoît
mes yeux, je lui demandai l'explication de la nature de ce spectacle. Le petit-maître satisfit ma
curiosité, il me dit en riant que
c'étoient des mollets ; je plaisan-
tai assez long-tems sur cet artifice.

Pendant que nous conversions
sur ce point, continua la Mar-

quife, il s'éleva une vive difpute entre deux petits-maitres , qui jouoient le piquet. L'un accufoit l'autre d'avoir fait glifler dans fes cartes un as qui devoit être dans le jeu , & ce larcin étoit le motif de leur guerre. Cette fcéne interrompit les plaifirs des Muficiens, des Danfeurs, & du refte de l'affemblée. Les deux petits Maîtres en voulurent décider à la pointe de l'épée ; dans cette idée, ils fe leverent, & partirent pour le jardin : toute l'Affemblée les fuivit, à vue, on voulut voir quelle feroit leur conduite. Les Petits Maîtres étant parvenus au jardin, & s'étant avancez jufques fur un plain couronné de gazon, ils déguenerent, & entamerent le combat ; que de legereté en eux, que d'écarts ne firent ils pas dans un inftant ! le Soleil qui dardoit alors fes rayons fur le lieu qu'ils avoit choifi pour le Théâtre de leur guerre, donna à leurs armes un éclat éblouiffant. Cependant les Epées partoient avec beaucoup de viteffe , & leur choc produi

beaucoup de bruit. Comme de
ce combat il ne pouvoit refulter
que des effets facheux, fi on
n'en arrêtoit le cours, deux autres petits Maîtres partirent vite
comme des Hyrondelles, & furent croifer avec leurs epées
celles des Guerriers. Madame
de ... & l'Abbé dont j'ai expofé le fyftême de conduite epui-
ferent les repréfentations pour
les ramener à la paix : on eut de
la peine à triompher de leur re-
fiftance ils deffendoient leur conduite par les principes de l'honneur qu'ils lui donnoient pour
apui. Enfin on mit le calme dans
leurs cœurs; on les fit rentrer dans
l'Hôtel, ils s'affurerent mutuelle-
ment que tout reffentiment étoit
banni de leurs cœurs : dès qu'ils
furent rentrez dans leur premiere
affiete, fi ce n'étoit pas en effet,
du moins en aparance , on reprit les violons & les flutes ,
toute l'affemblée rentra dans la
réjouiffance : tandis que le diver-
tiffement prenoit de plus en
plus fur elle , je me retirai , a-

jouta la Marquife, je fus au Luxembourg où je trouvai Madame de... Nous nous promenâmes enfemble dans ce jardin enchanté, jufqu'à ce que les fombres voiles de la nuit commencerent à fe répandre dans le monde,

Que direz vous, Monfieur, du combat des petits Maîtres que je viens de mettre fous vos yeux? une action de cette nature peut-elle partir de gens d'un caractere fenfé? un prétendu point d'honneur éft prefque toûjours le mobile d'une femblable conduite, on cherche le rétabliffement de fon honneur dans une action qui eft une fource d'ignominie. Notre vie eft au Maître des humains, il ne nous eft donc point permis de l'expofer. Attenter aux jours de fon femblable, c'eft attenter à l'ouvrage de l'Auteur de la Nature, quel forfait donc de détruire l'union, l'harmonie que le premier Etre a mis entre le corps & l'ame de celui qui porte notre image.

Le defir du titre de brave ferme
les yeux à ces confiderations ;
la conquête de l'eftime eft l'objet pour lequel on expofe fes
jours ; mais à quoi fert cette
conquête, fi on ne lui furvit ?
Je fupofe que l'on triomphe,
& que l'on mette fin aux jours
de l'objet de fon averfion, cette
cruelle victoire produit-elle à
celui qui la remporte, d'autres
fruits que l'indignation & l'hor-
reur de tout l'univers ? il fe forme dans le cœur une fource de
remords, outre que l'on n'écha-
pe prefque jamais des mains de
la juftice. D'ailleurs terminer le
different par la voye des armes,
c'eft une lâcheté caracterifée,
foit parce qu'on ne calme point
fon cœur irrité, & qu'on laiffe
vaincre fa raifon ; foit parce
qu'on eft par-là infidele à fon
devoir, ce qui eft un deffaut de
cœur, on viole la loi naturelle,
qui veut que nous n'ayons pas
moins d'amour pour nos fem-
blables que nous en avons pour
nous mêmes. Je ne donnerai

G iij

pas, Monsieur, plus d'étendue aux reflexions que je viens de coucher sur le papier ; la brieveté de mon tems, jointe au défir de vous tracer d'autres objets, m'empêche de fraper par de nouveaux traits le point que je viens de toucher. Venons à la Comtesse de.... & à Madame de.... qui étoient les deux autres Dames de la fête qui firent chacune leur histoire. Je ne vous rendrai que la substance de leurs récits ; je souhaiterois pour interesser votre goût les révêtir des agrémens qui ont le droit de plaire à la réflexion.

La narration de la Comtesse de.... Ne nous fournit pas un amusement moins agréable que les précédentes ; elle nous raconta avec beaucoup d'enjouement l'avanture naissante d'un jeune Moine. Le Pere de...., dit-elle, est un jeune homme d'une taille distinguée, magnifique, ses yeux ont beaucoup de vivacité & de finesse ; quoi-

qu'il foit dans le Cloître, le monde ne laiffe pas d'avoir pour lui
des apas ; il y a emporté le goût
qu'il avoit pour les filles, en
voici la preuve. Un de fes confreres defirant voir la Marquife
de, ... Il fut dernierement
avec lui chez cette Dame ; à
leur arrivée à l'Hôtel, la Marquife étoit avec une fille nom-
mée Sylvie dans fon jardin qui
femble le féjour ordinaire des
graces & des amours. Les Religieux furent les joindre dans
ce beau lieu où l'on trouve toûjours le Printemps, où il y a
dans quelque faifon que ce foit
des Parteres qui font verds &
fleuris. Dans le cours de leur
promenade, le jeune Pere &
Silvie s'écarterent un peu, le
jeune homme épris des graces
de Sylvie défiroit ardemment faire une liaifon avec elle : pour la
faire entrer dans la route des
Amours, il auroit bien voulu
lui faire l'ouverture de fes fentimens, mais il n'ofoit point,
parce qu'il en craignoit l'éclat

& le défaut du fuccez : fa tendreffe prit enfin l'afcendant fur
fa timidité, il s'en couragea à
rifquer quelque fituation amou-
reufe ; Sylvie qui comprit fes
vues, loin de repouffer fes termes, leur fit un acceuil favorable ; fes yeux doucereux lui
firent conncître qu'elle étoit dif-
pofée à entrer dans fes idées.
Comme elle portoit fes défirs
vers une conquête, elle fut char-
mée de trouver l'occafion de
mettre dans fes fers un homme
fi bien fait, & fi aimable. Ce jeune homme voyant les difpofi-
tions du cœur de Sylvie, lui dé-
couvrit fon inclination pour elle
Sylvie de fon côté lui aprit
les fentimens qu'elle avoit pris
pour lui, elle lui dévoila le
triomphe que fes agrémens
avoient remporté fur fon cœur.
Que de charmes cette occafion
n'eut elle point pour le jeune
homme ! de quel prix la conquête de Sylvie ne lui parut-el-
le pas ! comme le tems étoit
court, & qu'il falloit prendre
un moyen pour arriver au terme
de leurs défirs : Sylvie convint

avec son conquerant qu'elle iroit le lendemain deguisée en homme le trouver dans son Couvent pour passer la nuit ensemble. peu de tems après cette conclusion une petite pluie naissante les obligea de se mettre sous un couvert admirable que faisoient des arbres hauts & épais de feuillage, ce fut là où ce couple amoureux se reunit avec la Marquise & le Pere qui se promenoient ensemble. Iris qui s'étoit montrée au mileu des Nuages, ayant disparue, la pluie cessa, & on rentra dans le Château. Les Religieux se retirerent, & le lendemain Sylvie fut exacte au rendez-vous : sa presence fit naître dans le cœur de son Amant une joye délicieuse. Pendant qu'il étoit avec l'objet de ses amours, chaque instant lui sembloit tissu d'or & de soye ; il n'y eut que la fin qui fut désagréable, parce qu'on fit traverser leurs plaisirs, comme je dirai un peu ci-après.

Monsieur de..., Sousfermier

s'étoit marié ce jour là, & on tira lesoir un Feu d'Artifice, sa fête fut célebrée avec beaucoup de pompe. Monsieur le Comte de... qui vit le Feu, m'a dit que ses effets étoient surprenans. Tantôt on voyoit l'air rempli d'une infinité de flâmes d'argent, tantôt on voyoit des nuages rougeatres, d'où sortoient des éclairs qui prenoient differentes figures; les uns serpentoient en l'air, ou bien ils y faisoient mille tourbillons, tandis que d'autres y traçoient des sillons d'argent, qui tomboient par des bouquets d'Etoiles étincellantes. Quelque tems après que l'on eut commencé à tirer le Feu, il s'éleva dans l'air une vaste lumiere parsemée d'etincelles, d'atomes d'or, dont le brillant l'emportoit sur celui de la lumiere au milieu de laquelle ils étoient. Quantité de fusées traversoient cette lumiere, & couronoient le plus haut de l'air d'une infinité d'Etoiles quitomboient enforme d'une grosse pluie, & dont la clarté étoit des plus vives. La chambre ou étoit Sylvie, répondoit au lieu où l'on tiroit ce Feu. Sylvie entendit le bruit des fufées, & après avoir reçeu de fon Amant des explications là deffus, elle voulut regaler fes yeux de ce fpectacle ; elle fe mit avec fon Favori à la fenétre : l'admiration que lui caufa ce fpectacle, l'excita à parler un peu trop haut, fa voix fe fit entendre à un Religieux voifin qui étoit auffi fpectateur de ce Feu. Celui-ci, pour venger la vertu, alla chez le Superieur qui accompagné de plufieurs de fes confreres fut furprendre les Amoureux, le printemps fembloit faire fon féjour dans la la chambre de l'Amant, tant elle etoit ornée de fleurs, de verdure. Une petite branche d'arbre verte qui y étoit, fut l'inftrument avec lequel on bâtit Sylvie pour la punir de fes amours. Elle fut pourfuivie par l'orage jufqu'à la porte du Convent qu'on lui ouvrit. Son Fa-

vori eſt encore dans le Cloître ;
comme il n'a pas fait ſon dernier Vœu, & qu'il n'eſt point engagé dans l'Ordre de Prêtriſe,
on dit que l'on travaille à le
fair rélever de ſes Vœux en
Cour de Rome ; ſa liberté eſt le
plus ardent de ſes déſirs.

Que de gens n'y a-t-il pas ,
Monſieur, qui entrent en Religion malgré le goût qu'ils ont
pour le beau Sexe : le déſir de
la tranquilité & d'un bien être
les engage dans cette route ; ils
ſe perſuadent qu'ils y ſurmonte-
teront peu à peu la voix de la nature, & qu'il y ſeront dans la
ſuite à l'abri de l'amour. Ces
vues les déterminent , & leur
font franchir le pas que la tendreſſe de leur cœur leur défend.
Ils croyent que dans le Cloître
leurs jours couleront avec agrément : mais comme les idées qui
n'ont point leur fondement dans
des mures réflexions, ne ſont pas
ordinairement ſuivies d'effets,
il arrive dans la ſuite qu'ils ſont
dupe des idées qu'ils s'étoient
formés

formées de leur repos ; de leur
bonheur. Ils se jettent dans des
regrets fort amers sur l'état de
vie qu'ils ont choisi, ils se font
une idée du monde la plus magnifique, ils n'entendent que
la voix de la terre. Les filles &
les femmes se présentent à leur
esprit avec bien plus de charmes qu'elles n'ont ; à la vûe de ces
images si riantes & si flateuses,
ils portent des coups à la loi naturelle, ils perdent le trésor
précieux & admirable qui est des
hommes en petit. Quel forfait
de répandre les germes que l'Auteur de la nature a mis en eux !
ces germes dévelopez auroient
été des hommes, qui en auroient
peut-être procréé d'autres ; peut-
etre que du trésor que l'on ver-
se, il en seroit sorti plusieurs
generations. Ils vaut infiniment
mieux nouer des intrigues, que
de faire aux loix de la nature
l'infraction dont je viens de parler. Il est, Monsieur, beaucoup
de gens qui se persuadent que
dans le Cloître, dans la retraite,

l'amour y murmure moins que dans le monde, parce qu'il n'y a point de femmes ; mais cette pensée n'est pas juste, car la retraite est l'empire des passions : la tendresse que la nature a gravée dans le cœur, n'y est point distraite, elle s'y fait entendre d'avantage à cause du calme qui y regne ; l'amour y fait au cœur sans cesse la guerre. Dans le monde on se porte à la dissipation, la diversité des objets qui s'offrent aux yeux, les differentes occupations de la vie partagent l'attention, & on fait par là diversion à l'amour. N'en disons pas, Monsieur, davantage sur cet article, jettons de la varieté dans nos entretiens, passons à l'histoire de Madame de ......

J'étois il y a quelques jours, dit Madame de, ... à la Campagne chez la Présidente de, ... Nous fumes prendre un matin le divertissement de la promenade dans un Bosquet délicieux, le Soleil sembloit ce jour là par-

courir un chemin femé de rofes.
Aprés avoir fait bien des tours
dans le Bofquet, nousparvimmes
à la principale allée qui répond à
la grille du jardin & au Château,
& qui fait une Perfpective charmante, nous nous y affimes à
l'ombre fur un gazon fémé de
violettes auprès d'une petite fon-
taine & d'une Statue d'où fortoi-
ent des eaux, qui tombant fur les
bords de leur baffin & fe rele-
vant, formoient une pluie ar-
gentine. Le Baron de . . . vint
nous trouver dans ce Bofquet.
Il s'affit avec nous fur l'herbe
fleurie & nous raconta ce qui
fuit. Un Monfieur, dit-il, ha-
billé de foye, & qui prenoit le
titre de Chevalier, s'en fut il y
a quelques jours diner fans argent dans une Auberge où il n'a-
voit jamais été. La table étoit
compofée d'Officiers & d'Abbez;
le défaut d'efpeces ne peignoit pas
fur le front du Chevalier le moindre nuage de trifteff: pas une ombre d'inquietude ne paroiffoit
fur fon vifage ; il étoit enjoué &

riant, il sembloit le premier à jetter les fondemens de la bonne humeur. A la fin du repas il pria à l'écart un Officier avec lequel il venoit d'avoir des entretiens Militaires, de lui prêter de quoi payer son repas, il lui fit entendre que sa situation désagréable étoit l'effet du jeu, que c'étoit ce jour-là qu'il avoit perdu ses fonds à l'Academie. L'officier se prêta de bonne grace à la bonté qu'il lui demanda d'un air engageant, mais comme le Chevalier aime par excez les liqueurs il en fit venir, & se mit par là dans l'impossibilité de sortir avec honneur du lieu où il étoit : cependant ses discours qui sembloient dictez par la probité, & encore plus le désir de sa pratique, l'amour d'un gain futur, lui rendirent l'hôte gracieux ; il profita même de la bonté de ce dernier pendant bien des jours. Mais son infidelité à quantité de promesses qu'il avoit fait de de se liberer, la crainte d'être dupe des caracteres de probité

qu'il imprimoit fur fon vifage &
dans fes manieres, produifirent
la fin du crédit. On n'en demeura pas là, on ôta au Chevalier
fonhabit de foye,à la boutoniere
duquel il avoit un bouquet lié
avec un ruban, on lui prit auffi
une bague d'or qu'il avoit au
petit doigt de la main : on fut
inftruire le Commiffaire du
Quartier de cette conduite, il
l'appuya de fon autorité : le Chevalier mis à la legere, fut forcé
àfe retirer dans cet état.

L'artifice, pourfuit le Baron, eft du reffort de ce Chevalier ; l'endroit où il logeoit il y a
quelque tems, retentiffoit du
bruit de fes hyperboles, & c'é-
toit l'hôteffe qui étoit l'objet de
fes louanges : le credit étoit l'efprit qui l'animoit. Ses difcours
eurent le talent d'engager l'hô-
teff à le laiffer tranquille pen-
d.nt quelque tems, elle prenoit
confiance à l'idée qu'il lui donnoit de fa probité. La bonne foi
du Chevalier étoit l'unique apui
de fon efperance, elle n'avoit

d'autre reſſource, puiſqu'il n'a-
voit rien chez elle, & que ſon
lieu natal & ſes facultez lui
étoient inconnûs Comme la dette recevoit tous les jours des ac-
croiſſemens, & que le Chevalier ne donnoit que des louanges, elle troubla la tranquillité
où elle le laiſſoit. Le Chevalier
pour lui montrer la ſolidité de
ſa créance, & éviter la perte du
crédit, envoya chercher au coche une male qu'il diſoit lui
avoir été envoyée, & dans laquelle il aſſuroit y avoir des
louis & des effets; le commiſ-
ſionnaire revint, & rapporta
qu'on lui avoit dit qu'elle n'étoit
pas encore arrivée, mais que ſa
reception ne pouvoit pas être
éloignée. Ce rapport fit gliſſer
la joie dans le cœur de l'hô-
teſſe, il détruiſit le doute qu'elle
avoit de la ſincerité du Chevalier, ſon front reprit pour lui
la ſerenité qui en avoit été
chaſſée, elle remit dans ſes yeux
les graces qu'elle en avoit exilé.
Le credit qui s'affoibliſſoit tous

les jours devint plus vigoureux qu'il n'avoit été. Cependant la route qui conduisoit au coche commençoit à devenir familiere, on y alloit exactement chaque ordinaire : mais, disoit-on, la male n'est pas encore arrivée. Après avoir bien multiplié les voyages, l'hôtesse ouvrit les yeux sur l'artifice du Chevalier : elle bannit le credit, elle se repentit de lui avoir donné tant d'étendue ; elle voyoit qu'elle étoit dupe des discours du Chevalier, dont la mauvaise foi s'étoit cachée comme un serpent sous les fleurs. Il lui promettoit non seulement d'éteindre sa dette, mais il lui disoit même qu'il couroneroit ses bontez par des générositez, à l'entendre, on auroit dit qu'il alloit faire croître son bien, comme le Soleil fait le matin croître une rose. Enfin elle renvoya son Débiteur peu aimable, parce qu'elle ne voyoit jamais arriver cette male si desirée qui lui avoit été annoncée : il y avoit de l'impoſſibilité dans ſa venue, puiſqu'elle n'exiſtoit pas.

Le Baron raconta, dit Madame de.... pluſieurs autres traits du Chevalier. La fraîcheur qui regnoit dans le boſquet, malgré les rayons enflammés du ſoleil, nous y retint bien du tems. Le Baron nous y entretint de la conduite du Chevalier juſqu'à l'heure du diner, que nous quittames ce beau lieu que des oiſeaux de toutes couleurs rempliſſoient d'une agréable harmonie, qui étoit relevée par le bruit des eaux, qui y jailliſſoient de tous côtez.

Voila, Monſieur, les rôles, les principes que nos Dames expoſerent d'un ſtile plein d'agrément : je crois que les Petits Maîtres Pariſiens, & les autres ſujets dont elles ont parlé, vous feront rire. Vous me demandez par votre lettre non - ſeulement des lumieres ſur les Mœurs des Jeunes Conſeillers au Parlement de Paris, mais encore une idée des principes des habitans de cette Ville. Je sçai que vous ne pouvez point trouver dans les peintures précedentes dequoi vous contenter sur ce dernier article. Les traits qui y sont diftribuez, & qui regardent les Parifiens, ne font point fuffifans pour vous donner l'idée que vous exigez de la conduite de ce Peuple ; il faut pour remplir votre defir une inftruction plus étendue, écartons-nous donc pour quelques momens de nos Confeillers ; nous les reprendrons enfuite ; je crois que c'eft ici le lieu le plus convenable, pour mettre fous vos yeux les maximes que j'ai envie de vous tracer fur le compte de ce Peuple ; & cela parce que vous pourrez rapprocher avec plus d'aifance ces maximes d'avec celles que j'ai écrit cidevant.

Je puis, Monfieur, vous donner Paris pour la fource des égaremens de l'efprit & du cœur, la plus part des gens y mettent le libertinage fur le trône, ils font faire chez eux naufrage à la foi ; comme les rayons du Soleil ont plus d'éclat que ceux de l'Aurore , ils ferment les yeux aux rayons de ce dernier Aftre. Paris , Monfieur , eft le féjour des ridicules ; on y cherit le déguifement, la metamorphofe ; beaucoup d'Abbez s'y déguifent en Laiques , tout comme beaucoup de Laiques s'y déguifent en Abbez. Bien des Moines y defertent la nuit de leur Convent , le defir de danfer , & de fe réjouir d'une maniere vive , leur fait prendre des Dominos , & les conduit au Bal de l'Opera , qui eft le rendez-vous des Amans , le féjour des Amours , & où les Grands font confondus avec les Petits. A Paris , les rofes de Cupidon, les fleurs fur lefquelles les enfans d'Efculape s'exercent, font très fréquentes; il en naît fans ceffe dans cette Ville, on en trouve chez les Courtifans, chez les Meffieurs du Parlement, chez les Eclesiastiques , en un mot dans tous les états. A Paris , Monsieur, la galanterie mene la plûpart des gens au Spectacle bien plus que le desir d'entendre les Acteurs. Les femmes étalent dans les Loges les graces dont l'art les a parées, elles sombrent de leurs éventails , mais sans se cacher. Elle font des minauderies, des souris , le partere est le Tribunal où ressortissent leurs charmes, & leurs vertus ; les petits Maîtres qui y sont assemblez par Pelotons, s'érigent en Juges de leur mérite, de leurs attraits, de leurs souris. Celle-là, dit-on , a de la pente pour la joye, elle exerce son gout d'amour , elle est entrée depuis long-tems dans la route du plaisir. Cette autre, poursuit-on , ne marche pas moins sous l'étendart de la galanterie , mais elle ne sourit pas avec autant de grace, où elle n'a pas les yeux si brillans. Enfin les petits Maîtres produisent des trésors de saillies , ils aperçoivent dans

l'air de toutes les filles & les femmes beaucoup de tendresse,
ils decident que l'amour est le
terme où aboutissent toutes
leurs idées.

Les femmes à Paris saisissent,
Monsieur, avec empressement
les modes naissantes, & quel
objet a cette conduite ? C'est
la galanterie, l'amour. A Paris
les uns dissipent les avantages de
la fortune avec lesquels ils sont
entrez dans le monde ; le jeu,
l'amour, une table splendide
font les gouffres où se perdent
leurs biens. D'autres du sein
de la misere s'élevent à un haut
degré de fortune, ils parvien-
nent à un état brillant ; arrivez
là, ils se méconnoissent, ils s'ou-
blient. A Paris les talens ne
font point ordinairement re-
compensez, le merite y gémit
dans la poussiere. Quelque éclatant que soit le merite, il vaut
beaucoup moins pour parvenir aux Richesses qu'un simple
emploi dans les fermes. A Paris
beaucoup de gens s'imagiment

que

que tout l'efprit réfide dans
leur Ville, d'autres plus mode-
rez dans leurs idées, croyent
qu'il y a quelques gens d'efprit
dans les Provinces, mais qu'ils
ont été obligez de venir puifer
leur efprit à Paris; ils s'imma-
ginent que les lumieres qui font
ailleurs, coulent de leur Ville,
ils les regardent comme des petits ruifleaux qui ont été s'y répandre. A Paris on rit de ceux
qui n'ont point l'accent de cette
cité la plus belle de l'univers.
Vous ne fçauriez croire, Monfieur, combien il eft des Parifiens qui fe perfuadent qu'un
homme n'a point d'efprit, s'il ne
s'énonce d'une façon brillante;
voila un ridicule qui eft à un
haut point, l'efprit a-t il quelque
chofe de commun avec le fon
des paroles ? n'y en a-t-il pas
pour rire de faire dépendre l'efprit de la flexibilité du gozier, de
l'harmonie des mots ?

La plûpart des gens à Paris
font, Monfieur, des fources
d'orgueil, il en eft peu qui foient

exempts de quelque nuance de vanité. Le defir de briller femble avoir élu fon féjour dans cette Ville magnifique ; ce défir s'é-
tend depuis les grands jufqu'aux petits , tout le monde y eft gen-
til homme, s'il faut s'en raporter à l'Epée , qui eft le principal ca-
ractere de la Noblefle. Qui que ce foit s'y pare de ce fer, & le porte avec autant de fecurité qu'un Seigneur de la Cour : Beaucoup de gens quoique nez d'un fang obfcur , s'y ornent du titre de Gentil-homme, & pour mettre la qualité dont ils fe parent hors de prife aux doutes , ils fe font des lettres de Noblefle. Les idées de la fortune préce-
dent chez eux toutes les autres, à l'exception decelles de l'amour qui vont avec elles de pas égal. Mille refforts fecrets qu'ils re-
muent , rempliffent quelquefois leurs objets , à l'ombre des illu-
fions qu'ils repandent , ils font quelquefois de grands coups. Je connois un Monfieur dont l'i-
dée étoit, il y a neuf mois ou

environ , de s'enrichir par la voye de l'hymenée , il dreſſa toutes les batteries pour couronner ſon déſir ; le revenu de ſon bien n'étoit pas ſuffiſant pour le conduire au milieu de l'année , en ne faiſant même regner à ſa table que la frugalité. Il ſe porta à la vente de ſes terres dont il employa le prix à l'achat d'un équipage brillant , il prit un appartement fort petit , mais qui rioit autant par la délicateſſe de ſa ſtructure , que par la beauté des ornemens dont il étoit embelli. Ce Monſieur avoit fixé à ſix mois la durée de l'état brillant qu'il avoit entrepris , ſes petites facultés lui deffendoient de lui donner du cours plus long-tems. Il eſperoit avant que le tems limité ſe fut écoulé , de toucher au riche mariage qu'il deſiroit ; dans ces idées il ſe produiſit dans le public ſous le titre d'un Gentilhomme diſtingué ; dans le cas que la qualité qu'il ſe donnoit , éprouvât quelque objection , il s'étoit fait des armes pour la détruire, je veux dire des lettres de nobleſſe ; il étoit pourtant né dans le ſein de la roture , & dans ſes ſentimens il n'y avoit pas ombre de nobleſſe. Au titre qu'il s'attri- buoit, il prétendoit être réunis des biens d'un aſſez grand prix, & dans quelle ſource en puiſoit- il la preuve ? c'étoit dans ſon équipage , dans la figure aſſez brillante qu'il faiſoit. Enfin il parvint au bout de quatre mois au point riant qu'il ſe propoſoit, il a épouſé une fille qui joint à un bien remarquable beaucoup d'attraits ; mais l'artifice de ſon époux lui ayant été devoilé après leur union , elle a pris pour lui du dégout ; elle ne s'é- toit unie à lui que ſous la foi des recits auxquels il s'étoit prêté ; piquée de ſa conduite on dit qu'elle fait uſage de ſes attraits , le quartier retentit du bruit du nom de ſon cher époux. Voila, Monſieur quel eſt le fruit des mariages mal aſſortis, il y a à Paris une infinité de nœuds dans ces gouts il arrive quelquefois que les époux se trompent tous les deux; chacun avant le mariage étale tout son bien; il le fait briller aux yeux de l'autre qui croit n'en voir qu'un échantillon, & cette lésion fait naître une source mutuelle de regrets, dont les fruits sont des chutes. Lorsqu'un mariage n'est pas, Monsieur, l'ouvrage de l'amour & de la raison, on y trouve ordinairement des ronces, & presque jamais des fleurs. La guerre y tient la place de l'harmonie & des charmes de la paix. Deux cœurs liez par les mains de la tendresse ont même dans le sein de l'indigence les jours plus beaux, & plus heureux, que n'ont les époux mal assortis qui font au faîte de l'opulence. La satisfaction du cœur vaut, Monsieur, plus que tous les trésors de l'univers; mais les Parisiens ne pensent point dans ce gout; ils font entrer l'ambition dans leurs projets d'établissement. Il est vrai que cette maxime regne dans ce fiecle dans tous les climats, mais elle femble dominer à Paris qui eft le regne du défordre.

Les petits Maîtres manquez qui fourmillent, Monfieur, dans cette Ville, donnent des rendez-vous aux femmes dans les jardins Publics, & même dans les Eglifes. J'appelle Petits-maîtres manquez, les Jeunes gens qui reffemblent aux véritables Petits maîtres par les gouts & les idées, mais qui ne peuvent jouer entierement le même rôle, à caufe des difgraces de la fortune. Ces Petits-Maîtres ont le chapeau fous le bras, & l'édifice de leurs cheveux blanc comme la fleur des pommiers, qui fe reproduit au Printems : leur exterieur eft joli & galant, à moins que leurs affaires ne mettent obftacle a cette décoration. On les voit quelquefois dans l'hiver avec des habits de velours, ils les portent boutonnez, & par deffus ils montrent la ceinture de leurs manchons afin de briller davantage. Dans les beaux jours ils marchent la tête en arriere , & d'un air composé ; si le tems est humide, ils panchent un peu cette tête pour diriger leur marche , ils font délicatement de petits pas sur la pointe des pieds , pour ne point croter leurs bas , qui sont ordinairement blancs , la blancheur est leur couleur cherie à cause de son éclat. Ces Petits-Maîtres montrent un front riant & serein, ils donnent à leurs discours un air de contentement, néanmoins sous ce dehors enjoué & satisfait , ils sont très-souvent pressez par l'aiguillon de la faim ; ils chantent quelquefois sous l'empire du besoin un ou deux couplets de chanson. Le désordre, Monsieur , regne dans leur conduite , ils élevent le vice sur le débris de la vertu. Un de ces petits Maîtres voit-il en se promenant dans la rue une fille ou une femme charmante à la fenêtre, il prend des lumieres sur son nom, sa quali-

té , son caractere, & s'il voit
jour à la rendre sa conquête,
il lui écrit une lettre assaisonnée
d'amenitez & de tendresse ; il
en a toujours une où le langage
de l'amour est tracé avec des
termes d'un brillant distingué ;
c'est sur ce modele qu'il se regle,
& le changement qu'il y fait, ne
regarde que le nom & quelques
circonstances.

Le langage du cœur est celui,
Monsieur, que la plûpart des
femmes de qualité tienent à Paris; leurs maris engéneral ne s'at-
tribuent que de foibles droits sur
leur conduite. Les belles font
usage de leurs charmes, mais
elles mettent à prix leurs faveurs.
Celles qui n'ont point de beauté , font liaison avec d'aimables Messieurs, dont la position
est desavantageuse; elles recom-
pensent leurs complaisances par
des pensions. Pour les filles
de Théâtre, elle font le grand
goût de tout Paris ; elles ont un
talent distingué à séduire les
cœurs, ce talent consiste moins

dans leur beauté, que dans leurs manieres flateuſes. Il eſt de ces enchantereſſes qui acquierent des équipages par la voye de leurs faveurs, mais les Dentelles, les rubans, & les vins de Champagne diſſipent ordinairement dans la ſuite les biens que leurs complaiſances leur ont acquis.

Si Paris, Monſieur, eſt le regne de l'amour, il eſt auſſi celui du déguiſement & de la politique. Les gens de marque, les Grands ſe parent des couleurs les plus charmantes, ils s'embraſſent d'un air penetré lorſqu'ils ſe rencontrent, ſous cet air d'amitié, ils cachent pourtant quelquefois une haine des plus vives, ils ne reſpirent que la decadence de ceux qu'ils ſemblent cherir tendrement. La plûpart des Grands, Monſieur, ſe rendent malheureux par leur deſir à donner un nouveau luſtre à leurs Maiſons, à les faire fleurir d'avantage, ils menent toujours à leur ſuite les ſoucis, leurs cœurs ſont des Mers orageuſes , du ſein deſquelles s'élevent ſans ceſſe des flots irritez , & de violens déſirs. Il en eſt parmi eux beaucoup, qui marchent à pas de geant dans le chemin du vice, ils ſçavent que l'exemple des gens de leur caractere a beaucoup de pouvoir ſur les cœurs, & qu'on ne ſe fait pas une delicateſſe de commettre les crimes couronnez par leur exemple, neanmoins ils menent toûjours les choſes de bon train. On doit donner des plaintes à leur conduite ; un même crime commis par un grand , & un homme au deſſous de ſa ſphere brillante, eſt plus énorme chez le grand à cauſe du pouvoir de l'exemple. Les grands doivent à la ſageſſe des ſoins plus étendus que les autres hommes, parce qu'étant desAſtrespluſélevés,leurs rayons frapent avec plus de force.

Je ne vous preſente , Monſieur, qu'un abregé imparfait des mœurs des Grands , que de traits ne faudroit point pour peindre

leur caractere entier ! je souhaiterois que ce que je vous ai dit
d'eux, joint au crayon que je
vous ai donné des principes des
autres Parisiens, eut le talent de
vous amuser. J'ai passé sous silence
une partie de leurs attributs,
mais je me réserve le plaisir de
vous les peindre une autre fois :
rejoignons maintenant les Conseillers, & les Dames de la fête,
il est tems de les remettre sous
nos yeux.

A la fin des histoires & des
peintures que les Dames trace-
rent ; on reprit les flambeaux,
& on fit renaître la danse qui
est du gout des Princes de l'Empire, & dont je vous ai parlé.
Un trait de retenue de la part du
Maître du logis me surprit dans
cette circonstance, c'est qu'il
s'abstint de ce curieux exercice,
& resta avec moi dans la petite
allée où l'on avoit fait avec des
embellissemens les recits amu-
fans, dont je vous ai donné l'a-
me & le précis. Ce Conseiller
enjoué faisant briller dans ses

yeux un air de douceur, &
dans ses manieres une politesse
aimable, il me dit, eh bien
voila la joie de nos Conseillers
& de nos Dames dans un dégré
bien élevé ! Voila leur bonne
humeur richement étayée ! lorsqu'ils faisoient éclater la joie par
la danse que j'ai dit être parti-
culiere aux Princes de l'Empire,
il me fit remarquer le ridicule
de l'air avec lequel se menoit la
Marquise de... & en touchant
quelques attributs de son caractere, il fit le parallelle de ses
attraits avec ceux d'une aimable Plaideuse, qui avoit été il
y a quelque tems le solliciter,
l'air libre avec lequel elle se pre-
senta, joint à la vivacité & au pi-
quant de ses yeux, me fit pen-
ser, ajouta-t-il, que son caractere n'étoit point exempt de facilité. Le sujet m'étant inconnu,
je n'opposai rien à l'apparence
de complaisance qu'il lui trouvoit, mais je lui marquai ma
surprise sur ce que les juges per-
mettoient qu'on les sollicitât.

Cette

Cette démarche, lui dis-je, me
paroît insulter à leur délicatesse,
par le doute qu'elle renferme de
leur integrité. Ils ne doivent
rien trouver d'offensant dans
cette maxime, me repondit-il,
l'unique objet que les parties
exigent, c'est la justice qui leur
est dûe, une demande fondée
sur un tel principe merite un
acceuil favorable ; elle ne peut
offenser la délicatesse des Juges,
puisqu'elle a l'équité pour apui.
Mais cette demande, repliquai-
je, montre que dans les idées
des plaideurs l'integrité des Juges n'est point à toute épreuve ;
s'ils leur croyoient un zele in-
violable pour la justice, la re-
commandation du droit que chacun d'eux s'attribue, seroit inu-
tile , cette démarche supose
donc que les Magistrats peuvent
broncher dans l'exercice de la
Justice , & cette supofition est
une injure tacite à leur integrité. Ce n'est point le doute de
l'équité des Juges, répondit-il,
qui conduit chez eux les par-

ties , mais c'eſt l'attention qu'ils
leur demandent à leurs affaires.
Vous êtes des Juges , repliquai-
je , vous devez par conſéquent
examiner la Loi , conſulter la
raiſon , péſer tout au poids de
la balance, donner le triomphe
à qui il appartient ; ainſi exiger
votre attention c'eſt un proce-
dé dont vous devriez être choquez ; vous la devez par votre
état , c'eſt un devoir de vous
y prêter , c'eſt un crime de vous
y refuſer. Là le Conſeiller fit
un fouris , qui dura aſſez long-
tems : enſuite nous tombâmes
ſur la conduite que l'on tient
pour parvenir aux Jugemens ;
je lui dis qu'un homme à qui la
victoire eſt due , qui a pour lui
le fonds, ne devroit rien fouffrir
des opérations qu'il a mal diri-
gées : la forme doit être écartée,
on ne doit enviſager que le fonds,
la déciſion de la cauſe dépend
de la queſtion de ſçavoir ſi le
droit eſt de ſon côté , ou s'il ne
l'eſt pas , voila l'unique objet à
diſcuter ; on doit écarter tout

ce qui n'a pas à cela un rapport direct & précis. Il me repondit d'une maniere à ne rien diminuer de la force de mon raisonnement ; il se deffendit par la nécessité des procédures , dont le deffaut de justesse , disoit-il , méritoit d'être condamné. Mais ce n'est point là répondis je , la source du véritable different qui divise les guerriers , est-on fondé , ou ne l'est on pas ? la raison permet-elle que les Juges envisagent d'autre objet ? le triomphe qui est dû à une partie , doit il être alteré à la faveur des détours que prend un amateur de la chicane ?

Cet article ne fut pas plus discuté , nos discours prirent un autre tour. Il seroit, lui dis-je , très avantageux au Public que les Avocats & les Procureurs fussent suprimez ; & que les Juges entendissent les parties elles-mêmes. Les Avocats & les Procureurs versent dans l'esprit des plaideurs l'amour de la guerre , ils s'étudient à fournir des alimens à cet amour ; c'eſt pour eux un plaiſir charmant de faire vivre long-tems le flambeau de la diſcorde, qui eſt dans les cœurs de leurs cliens. Ces amis de la diſpute ne remportent-ils point une bonne partie des fruits de l'Automne, de même que de ceux que l'Eté & le Printems nous rendent ? Tant de biens dont ils font la conquéte, reſteroient dans les familles, s'il étoit permis aux parties de plaider : la déciſion d'une cauſe, répondit-il, exige une ample inſtruction, ſi le droit de plaider étoit accordé aux Parties, nous manquerions des explications néceſſaires. Je crois que vous ſeriez mieux inſtruits, repliquai-je, ſi vous tiriez les faits de la bouche des parties ; les Avocats & les Procureurs enve-lopent la verité dans le ſombre cahos de la chicane ; pour la déciſion d'un point très-ſimple, ils bâtiſſent ſouvent un vaſte édi-fice de procedures, c'eſt un tiſſu d'operations où l'on trouve la ſymetrie, & où eſt enſevelie la raiſon. Les Avocats, continuois-je, s'efforcent à répandre des il-luſions, quand ils ne peuvent que par là remporter la palme. Ils donnent quelquefois un air d'équité à leurs prétentions in-juſtes : eſt-ce donc chez eux que l'on peut puiſer de véritables inſtructions, ne ſont-ils pas plus propres à ſurprendre la Religion des Juges, qu'à leur fournir des lumieres, à la faveur deſquelles ils puiſſent fonder leurs déciſions ſur l'équité ? Je ſçai, Monſieur, ajoûtai-je, que leurs argumens captieux ne peuvent rien ſur vous, vos yeux percent juſques dans les plus ſombres difficultez, vous vous conduiſez toûjours à la lumiere de la loi, aux rayons des Ordonnances. Comme je finiſſois ces mots, il ouvrit ſa tabatiere, il me préſenta du ta-bac, & j'en pris. Puis la mort à laquelle on condamne les Bri-gands, fut le ſujet de notre entre-tien. Le larcin, lui dis-je, ne me paroît pas devoir être puni par la perte de la vie, il faudroit pour qu'il méritât cette peine, que ce qui a été ravi, ne fut pas d'une moindre valeur que la vie; le prix de l'un devroit être balancé par celui de l'autre; mais la vie ne vaut elle pas infiniment plus que tout l'empire de l'univers. Il semble d'ailleurs que selon le droit naturel tous les biens devroient être communs; le Conseiller combattit ce discours par des raisons auſquelles je ne voyois point de fondement; il changea cette conversation, & la fit tomber sur les filles de Théâtre. Les tendres regards, les souris charmans, les careſſes, les attraits de ces filles furent des sujets sur lesquels il s'étendit. Il couronna ces entretiens par une chanson sur un air nouveau que je trouvai charmant; il se leva en chantant, il s'arrêta pour m'engager d'aller danser, & de monter sur le ton de la societé; il tâcha d'une façon preſſante à me déterminer à ce qu'il exigeoit de

moï , mais ſes inſtances furent
infructueuſes , j'en triomphai
comme j'avois fait auparavant
par l'excuſe de mon peu de ſan-
té. Il ſe réduiſit à me quitter ;
il fut ſe réunir à la ſocieté en
chantant, en ſautant, & en faiſant aller méthodiquement ſes
bras.

Tandis que cette ſocieté chez
qui l'amour ſembloit etre comme ſur ſon trône, danſoit avec
beaucoup de feu , je m'engageai
dans une allée , qui me condui-
ſit près delà à une prairie , où
étoit un petit ruiſſeau qui faiſoit
un doux murmure , & qui étoit
bordé d'arbres ornez d'un feuillage touffu La lune qui étoit
dans notre horiſon, rendoit malgré de petits nuages qui cou-
roient en l'air, une lumiere aſſez
vive , j'apperçus à la faveur des
rayons que ce globe voiſin de la
terre nous reflechiſſoit, les agrémens du beau lieu où j'étois par-
venu. Là je jettai les yeux ſur la
face du monde ; je conſiderois
le brillant & la jeuneſſe que le

tems n'a pû ravir aux astres ; le berceau , le point exact que chacun d'eux occupe dans l'étendue infinie de l'air , pour former leur harmonie ; leur figure ronde, ou brille le ciseau du divin Ouvrier ; l'égalité de cette figure , qui indique qu'ils ont tous été faits de la même main ; la conservation toujours égale de cette figure , malgré la violence des feux qui les composent ; la constance de chacun de ces globes à se contenir étroitement dans la même route , qui est une route sans bornes ; & dans le cas de leur immobilité , je tournois les yeux sur la solidité , la perfection du ressort qui fait tourner le globe qui nous porte ; j'admirois la constance de cette masse , dont la face n'offre aux yeux que des merveilles , j'admirois , dis-je , la constance de ce globe à présenter tous les jours également tous les points de sa surface à l'astre du jour , pour se plonger dans ses rayons ; je roulois dans mon

esprit la distance précise ou elle
est de cet astre, pour n'être point
embrasée ou plongée dans une
glace éternelle. Je méditois le
berceau de cette masse dans
l'immensité de l'air qui est un
fluide si leger, & si éloigné de
porter un fardeau si étonnant,
qu'une feuille de rose le divise
& le fend, soit dans l'un, soit
dans l'autre hemisphere. Je
considerois la jeunesse que cette
masse recouvre tous les ans au
printems ; les beautez, les graces riantes dont elle se couronne
dans cette charmante saison ; les
fruits aussi exquis que divers
qu'elle nous offre dans les sai-
sons suivantes ; la multitude
d'espéces de plantes merveilleu-
ses, dont elle s'embellit ; la constance de chacune à conserver
sa couleur & son odeur, à ne produire qu'une posterité qui luï
ressemble. Je considerois encore le besoin qu'ont les humains
de ce vaste océan, qu'on appelle
la mer ; la nécessité de son lit entre les deux hemispheres pour

faire fleurir le commerce, pour
être le nœud de la societé de
ces deux mondes; le befoin de
la circulation des ondes de cet
immenfe baffin par la terre,
pour l'arrofer & la couronner
des beautez & des richeffes; le
refpect que les eaux de ce grand
vafe ont pour fes bords. Je jet-
tois les yeux fur l'union de l'air
avec les rayons des aftres, fur fa
fituation, fa clarté, fa douceur;
fur la diverfité reguliere des fai-
fons qui a de véritables charmes,
& qui montre que le tems a
commencé, puifqu'il n'eft aucune faifon permanente, & que
chacune prend naiffance. Je jet-
tois encore mes regards fur l'art
qui éclate dans la ftructure des
animaux, fur leur diverfité merveilleufe, & le jeu de ces refforts que fait aller le divin ouvrier. Après avoir confideré l'enchaînement néceffaire de toutes
ces merveilles, je fixois fur
l'homme mon attention; j'admirois la nobleffe & la fplen-

deur que l'Auteur de la nature
a mis dans nos yeux , les ornemens qu'il a répandu sur notre
visage , l'art & la symètrie qu'il
a mis sur notre corps , de même
que dans le dedans de cet édifice
où réside un être pensant qui l'a-
nime , qui connoît toutes les
beautez de l'univers sans en être
connu, & pour qui elles sont
faites , afin de le porter par
leurs attraits à la source de tous
les êtres Dans le cours de mes
reflexions je trouvois que l'es-
péce humaine a résidé toute
entiere dans le premier des
hommes ; que l'édifice où réside mon ame , a reçu l'être à
l'instant que l'univers est sorti
du néant à la voix de la divinité,
mais qu'il n'en étoit pas de même de mon ame , puisque ce
n'est que depuis quelques jours ,
que je pense; Reflechissant sur
sa grandeur, je trouvois que les
beautez des astres , les couleurs
d'Iris , les sons des instrumens
de musique n'étoient point dans
ces objets, mais dans notre ame

ou ils s'excitent à la faveur de ces objets, qui n'en font que les occafions. J'obfervois encore que cette ame qui eft nous même, & non point le vafe qui la contient, eft d'une nature differente de ce vafe ou elle eft renfermée: je raifonnois ainfi, une bale jettée dans le fluide que nous refpirons, ne peut fe deffendre de la chute, l'ame au contraire peut fe porter vers un objet, ou s'en éloigner, la liberté eft un de fes attributs, c'eft un privilege de fa nature, & ce privilege eft un caractere d'une difference effentielle entre elle & le corps. A ce caractere je joignis celui-ci, la matiere ne peut s'étendre au-delà d'elle-même, fi l'ame étoit un refultat d'atomes, elle ne pourroit franchir les limites du vafe ou elle eft, mais elle va, fi elle le défire, du couchant à l'aurore, elle fe porte au delà de l'univers Dailleurs, pourfuivois je, elle a l'idée d'une raifon fouveraine qui tient les refnes du monde,

monde , elle vôle vers l'infini ; & l'immenſe qu'elle pénetre dans un inſtant ; elle remonte, ſi elle veut, juſqu'à la naiſſance des ſiecles , elle raproche les évennemens les plus éloignez. Et ſi elle s'enfonce dans le paſ-ſé , elle perce auſſi dans l'ave-nir ; elle indique ſans ſe trom-per le moment ou l'aurore & l'aſtre qui vivifie la nature doi-vent ſe montrer à l'orient ; la juſteſſe ſe trouve toujours dans ſes raiſonnemens ſur le cours des aſtres. l'ame , continuois-je , ſe replie ſur elle-même, elle ſe connoît & s'obſerve ; elle décide des talens , des lumieres, du mérite ; voila des choſes, diſois-je , qui fuyent l'idée de la matiere, & dont les penſées ne ſont pas acquiſes par le miniſtere de nos ſens: or , pourſuivois-je, ſi l'ame étoit un aſſemblage , une republique d'atomes , outre qu'elle ne ſeroit pas une , mais pluſieurs, elle ne pourroit pen-ſer, qu'à ce qui lui reſſemblat, car le corps ne peut exceder les bornes de ſa nature. Je raſsemblai , Monsieur , plusieurs autres caractères qui donnoient à l'ame l'empire sur la matiere, mais que la longueur du détail m'oblige à passer sous silence.

Après que mes yeux & mon esprit se furent promenez sur la face de l'univers, & que j'eus consideré non seulement l'art qui brille dans la structure du corps humain, mais encore les merveilles de l'être pensant qui lui est uni, la conduite de mes Compagnons que j'avois quitté, fut le sujet de mon raisonnement. Je les plaignois non pas de ce qu'ils se rendoient aux charmes de l'amour , mais de ce qu'ils ne dirigeoient pas bien cette passion , qui est une saillie innocente en elle-même , puis-qu'elle naît avec nous, & qu'elle est un don de la nature. Dieu n'a orné nos ames de la raison, qui est un rayon de sa sagesse, que pour que nous en fassions un bon usage ; sur ce principe, je disois, il est donc juste que la raison exerce sur l'amour son empire, & qu'elle lui fasse écou-

ter fa voix ; c'eſt vers un objet
legitime qu'elle le doit tourner.
De cette paſſion il en peut ré-
ſulter un bien admirable ; de
l'aſſociation de deux perſonnes
de different ſexe peut ſortir un
ou pluſieurs hommes , & qui
dit un homme , dit un ouvrage
plus admirable que l'univers,
puiſque l'homme penſe , & que
l'univers ne penſe pas ; mais
comme ces objets merveilleux
recevroient auſſi bien & même
plus ſurement le jour en bien
dirigeant l'amour. Il faut que
cette paſſion ſoit docile à la raï-
ſon , qu'elle ſe laiſſe guider par
ce flambeau , c'eſt ſelon les principes de cette lumiere qu'elle
doit ſe conduire.

Cependant un mouvement
d'apprehenſion pour le départ
de la ſocieté que j'avois laiſſé
dans le bocage, m'excita à quitter
l'endroit riant où je fis ces réflexions. J'entrai dans le bocage , & je rejoignis les amis de
la galanterie ; je les trouvai oc-
cupez à danſer le paſſepied ,
mais ce n'étoit qu'avec un reſte

de feu, qu'ils avoient fait briller dans les danses précedentes.
Je ne trouvai plus dans leur action qu'une image de leur premiere vivacité, j'apperçus dans
leurs forces un grand affoiblis-
sement, qui trouvoit son principe dans deux sources, dans
l'amour & la danse : malgré cet
épuisement éclatant le desir de
danser n'étoit pas éteint chez
eux, il vivoit encore à l'ombre
de la galanterie ; soutenus
par la mere des Amours, ils con-
tinuoient à danser. Pendant
qu'ils étoient dans cet exercice,
je m'apperçus sous le clair feuillage où ils étoient de la chute
de quelques goutes de pluie ; je
tirai de la danse le maître du
logis pour lui faire cette obser-
vation, cette remarque l'excita
à sortir avec moi du bocage pour
considerer le ciel : nous aper-
çûmes de petits nuages nom-
breux, qu'un petit vent délicieux faisoit aller lentement
dans l'empire de l'air, le maître
du logis trouva dans sa Philoso-
phie que les petites goutes d'eau

éparses, qui tomboient des pe-
tires mers suspendues en l'air,
n'auroient point de suite, il éloi-
gna l'idée que je voulois lui
donner de cet évennement dont
la naissance ne me paroissoit pas
bien éloignée : obligé de ceder
à sa phisique, j'entrai avec lui
dans le bocage, & il y reprit le
passepied. Pendant que l'on
dansoit, le vent prenoit de nou-
velles forces, & réunissoit les
nuages. La societé resta fort peu
dans l'exercice où l'amour la
retenoit : les nuages commencerent tout-à-coup à se dissiper par une pluie abondan-
te, qui mit fin à la danse : les
ondes qui tomboient du ciel,
étoient si rapides, que le feuillage sous lequel on avoit si multiplié les danses, fut percé dans
un instant : voila les Conseillers & les Dames qui courent se
mettre à l'abri de la pluie, sous
des feuillages plus épais, mais
ces feuillages qu'ils prirent pour
leur azile, eurent le même fort
que que celui sous lequel ils
avoient fait regner les jeux, les

danſes, & les amours. Ces di-
vertiſſemens furent exilez, l'o-
rage fut le tombeau où ils furent
enſevelis ; la pluie qui tomboit
abondamment, triomphoit des
feuilles des arbres, qui s'oppo-
ſoient à ſa chute ; ſe gliſſant
facilement à travers cette verdure, elle tomboit de grand air
ſur les amis des plaiſirs galans:
les friſures pleines d'art, les
pompons, les croiſſans, la parure élegante ſe reſſentoient
vivement de l'orage. Sous le
pauvre azile que l'on avoit ſaiſi,
les cris d'amertume naiſſoient
en foule, ils étoient à quelques
inſtans mélez de quelques éclats
de rire, mais ces ris ne m'an-
nonçoient pas une joie bien
pure, l'idée de l'amertume d'autrui donnoit naiſſance à ces petits traits de joie mélangée d'aigreur. Le pauvre maître du logis, paſaitement arroſé, me dit
d'un ton foible, vous voila vic-
time de ma philoſophie, Monſieur, que j'ai eu tort de ne m'ê-
tre point conduit par vos lumieres, de n'avoir point goûté
votre raiſonnement, dont je re-

connois actuellement la sagesse !
Dans notre fête nous faisions
naître les roses sous nos pas, c'é-
toit le regne des ris, des jeux,
& des danses, cependant voila
cette fête si vive, si gaie termi-
née par un excès d'aigreur ; il
s'arrêta à ces derniers mots qu'il
prononça d'une voix la plus fe-
minine. Cependant la chute de
la pluie perdoit de sa rapidité,
nous la vîmes diminuer presque
tout à coup dans un dégré fort
sensible, ce qui fit glisser dans
nos cœurs un rayon d'espéran-
ce. Peu de tems après nous vîmes renaître le beau tems, qui
rejouit les galans arrosez plus
que la face du Printems, qui
vient répandre les plaisirs sur la
terre, ne rejouit les hommes
qui ont souffert les rigueurs d'un
hiver le plus violent, & le plus
long. Nous quittames donc
avec joie le foible azile où nous
nous étions refugiez, & nous
partimes d'un pas precipité pour
le logis : la livrée que nous
trouvâmes sur notre route, avec
des manteaux qu'elle nous
apportoit, essuya de vifs repro-

ches, mais ils étoient sans fondement, parce que l'orage se
passa dans un court espace, &
que la distance qu'il y avoit entre le théâtre de leurs jeux, & le
logis, étoit assez grande pour ne
pouvoir, recevoir du secours de
leurs gens, quand bien même
ils seroient partis du logis à la
naissance de l'orage. Dès notre
retour au Château vers lequel
on avoit porté des desirs si ar-
dens; on fit avec une celerité
des plus vives des feux d'une
grandeur extraordinaire : les habits des Conseillers qui étoient
si galans, avant que le cours de
leur réjouissance ne fut arrêté,
ne conservoient qu'une image
de leur premiere beauté : le
galon dont ils étoient ornez ne
rendoit qu'un foible brillant.
Leurs cheveux qui étoient fri-
sez avec tant d'agrément avant
l'évennement que je viens de
marquer, n'avoient point con-
servé une seule boucle. Ils chan-
gerent d'effets ainsi que moi auprès du feu. Les Dames étoient
à un autre appartement livrées à
un pareil exercice ; elles vinrent

vers nous en corsets après avoir rappellé les esprits. Mais que d'attraits & de graces ne leur aperçûs-je pas ! Mes yeux furent charmez par la finesse de leur taille, & par leur teint naturel qui avoit succedé au rouge, que l'orage leur avoit ravi. L'artifice à l'écart, je considerai les graces naïves dont la nature leur avoit fait présent : Dans cette simplicité je les trouvai bien plus aimables, & plus charmantes, que sous la parure brilante & pompeuse qu'elles avoient été obligées de quitter. Enfin ces Dames dont je voyois à découvert les charmes naturels, rirent de l'orage avec les Conseillers leurs amis de cœur. Les plaisirs reprirent un peu la vie ; les jolis mots commencerent à renaître ; l'air de tendresse qui avoit été exilé de leur stile, commença à reprendre ses droits, mais je ne les vis pas aller à son premier degré, le badinage souffroit de l'amertume qu'ils venoient de gouter. Cependant le tems avoit recouvré la serenité, ses agrémens, &

l'aftre du jour venoit à grands pas pour exiler les inconftantes étoiles, dont nous vimes le Ciel parfemé, à la faveur de la diffipation des nuages, qui les avoient derobées à nos yeux. l'Aurore étant fur le point de paroître à l'Orient pour nous annoncer le brillant retour du Soleil, nous quittames le Maître de la Maifon, aprés lui avoir fouhaité mille plaifirs. Nous partimes pour Paris à la lumiere d'un nombre de flambeaux : vers le milieu de la route, nous vimes paroitre l'humide Aurore, les rayons de cet Aftre naiffant firent place à ceux du Soleil, la lumiere qui fe developoit de plus en plus, rendit inutiles nos flambeaux ; les flames du jour naiffant étoient repandues par tout le monde, lorfque nous arrivâmes à Paris. Je quittai mes Compagnons au Pont Royal, en n'emportant rien de fi décidé que la réfolution de ne jamais plus être d'aucune de leurs fêtes; ils furent fe livrer au fommeil lorfque le foleil venoit les éclairer, & animer la nature.

131
Voila, Monfieur, le récit de la
fête que célebrerent ces perfones
charmantes ; auriez vous cru que
l'amour exerçat fi fort fes droits
fur les cœurs des jeunes Confeillers au Parlement de Paris ? faites le parallele de leurs défirs galans avec ceux de vos Confeillers
& decidez du degré fur le parallele. Il faut, Monfieur, que je vous
obferve , que fi les jeunes Confeillers au Parlement de Paris ont
un gout vif pour les jeux & les
amours , ils en ont un auffi vif pour
la juftice, il n'eft aucun membre
de ce Corps, foit jeune, ou vieux
qui ne voye les devoirs que
Dieu a attachez à fon état , &
qui ne contribue à faire fleurir
la juftice par des foins les plus
jaloux ; dépofitaire & organe
de cette vertu, il met fes charmes à en rendre exactement les
Oracles. Parmi les membres de
ce Corps, il en eft qui font re-
commandables par la delicatef-
fe de leur efprit , les richeffes
de leur genie, la profondeur de
leurs lumieres : Il en eft, Monfieur, qui paroiffent comme des
Aftres , dont les rayons fe répan-

dent fort loin : & s'ils font eſti-
mables par les qualitez de leur
eſprit, le merite de leur ſçavoir,
& par leur amour pour la juſtice, ils ne le ſont pas moins par
la bonté de leur cœur, & leur
attrait pour la ſageſſe; leurs Maiſons
ſont comme des Jardins délicieux, dont l'odeur ſe répand de
toutes parts.

Il eſt tems, Monſieur, que je
finiſſe ; peut-être la longueur des
détails que je vous ai fait, vous
a-t-elle cauſé de l'ennui. Je vous
quitte en vous ſouhaitant des
jours purs & ſereins, & exempts
de nuages ; le vrai moyen d'être
heureux, c'eſt de ne jamais perdre de vûe l'amour de la vertu ;
aſſurons donc de plus en plus
ſa voix, & ſon triomphe, mar-
chons ſans ceſſe dans la route
qu'elle nous trace, en ne quit-
tant jamais cette route, ou elle
ſeme des Roſes, & ou le Soleil
ſe montre toûjours ſerein & ſans
nuages, nous parviendrons au
ſéjour de la Paix, à ce beau
lieu ou regne un Printemps
éternel.

Je ſuis, &c... LA PEYRE.

E R R A T A.

Pag. 11 lign. 17. ſes charmes liſ. es charmes
P. 13. L. 17 multiplication de cri. Iſ. multi-
    plication de ris
P. 14 lign. 1 friſons, liſ. friſures.
Même pag. Lig. 6. quelque inſtant, liſ. quel-
    ques inſtans.
P. 15. Lig. 27 étoient ouvertes, Liſ. étant
    ouvertes.
P. 16. Lig. 28 vous voir, Liſez vous avoir.
P. 18. Lig. 11. l'honneur de ſa perſonne Liſ.
    l'honneur de ſa preſence.
Même p. L. 14. les Billets doux, les alimens
    des feux, Liſ. les Billets doux ces alimens.
P. 19 Lig. 5 me fit eſperer, Liſ. me firent
    eſperer.
P. 21 Lig. 7 vôtre travail, Liſ. notre travail.
P. 21 Lig. 29 ſe détache, Liſ. ſe détacha.
P. 22 Lig. 17. le jeune homme, Liſ. ce jeune
    homme.
P. 22. Lig. 24. Il s'appreta, Liſ. il ſe preta.
P. 23 Lig. 17. me fit conclure, liſ. Me firent
    conclure.
P. 24 Lig. 2 étoit exact, liſ. étoit exacte.
p. 36. Lig. 13. & cela avoit des manieres liſ.
    Avec des manieres.
Même pag. Lig. 25 Pompes bagatelles, liſ.
    Pompeuſes Bagatelles.
P. 50 lign. 26 ve oit, liſ. venoit.
Même pag. avoit, liſ. l'avoit.
P. 59 lign. 27 exierieur, liſez exterieur.
P. 63 core, liſez encore.
P. 66 prié par la Marquiſe, liſ. par la Comteſſe
p. 72 ligne 21 ſc ette fille, liſez ſi cette fille.
P. 74 lign. 29 produiſ, liſez produiſoit
p. 102 ligne 28 ils m nrent. liſez ils montrent
P. 125 ligne 28 que que celui, liſez que celui.
P. 130 ligne 28 le éclairer, liſez les éclairer
P. 132 ligne 14 les mours, liſez les amours
P. 132 ligne 7, liſez ſont comme.

www.ingramcontent.com/pod-product-compliance
Ingram Content Group UK Ltd.
Pitfield, Milton Keynes, MK11 3LW, UK
UKHW031849170726
13836UKWH00004B/1967